OEUVRES

POLITIQUES

DE J. J. ROUSSEAU.

TOME DEUXIÈME.

DE L'IMPRIMERIE DE DIDOT LE JEUNE,
RUE DES MAÇONS-SORBONNE, N° 13.

OEUVRES

POLITIQUES

DE J. J. ROUSSEAU;

ORNÉES DE FIGURES.

TOME DEUXIÈME.

A PARIS,

CHEZ Mme VEUVE LEPETIT, LIBRAIRE,

RUE HAUTEFEUILLE, N° 30.

1821.

DU

CONTRAT SOCIAL,

OU

PRINCIPES

DU DROIT POLITIQUE.

........................*Fœderis æquas*
Dicamus leges. VIRG. Æneid. lib. xj.

AVERTISSEMENT.

Ce petit Traité est extrait d'un ouvrage plus étendu, entrepris autrefois sans avoir consulté mes forces, et abandonné depuis long-temps. Des divers morceaux qu'on pouvait tirer de ce qui était fait, celui-ci est le plus considérable, et m'a paru le moins indigne d'être offert au public. Le reste n'est déja plus.

DU

CONTRAT SOCIAL,

OU

PRINCIPES

DU DROIT POLITIQUE.

LIVRE PREMIER.

JE veux chercher si, dans l'ordre civil, il peut y avoir quelque règle d'administration légitime et sûre, en prenant les hommes tels qu'ils sont, et les lois telles qu'elles peuvent être. Je tâcherai d'allier toujours dans cette recherche ce que le droit permet avec ce que l'intérêt prescrit, afin que la justice et l'utilité ne se trouvent point divisées.

J'entre en matière sans prouver l'importance de mon sujet. On me demandera si je suis prince ou législateur, pour écrire sur la politique? Je réponds que non, et que c'est pour cela que j'écris sur la politique. Si j'étois prince ou législateur, je ne perdrois pas mon temps à dire ce qu'il faut faire; je le ferais, ou je me tairais.

Né citoyen d'un Etat libre, et membre du souverain, quelque faible influence que puisse avoir ma voix dans les affaires publiques, le droit d'y voter suffit pour m'imposer le devoir de m'en instruire. Heureux, toutes les fois que je médite sur les gouvernements, de trouver toujours dans mes recherches de nouvelles raisons d'aimer celui de mon pays!

CHAPITRE PREMIER.

Sujet de ce premier Livre.

L'HOMME est né libre, et partout il est dans les fers. Tel se croit le maitre des autres, qui ne laisse pas d'être plus esclave qu'eux. Comment ce changement s'est-il fait ? Je l'ignore. Qu'est-ce qui peut le rendre légitime ? Je crois pouvoir résoudre cette question.

Si je ne considérais que la force et l'effet qui en dérive, je dirais : Tant qu'un peuple est contraint d'obéir et qu'il obéit, il fait bien ; sitôt qu'il peut secouer le joug et qu'il le secoue, il fait encore mieux : car, recouvrant sa liberté par le même droit qui la lui a ravie, ou il est fondé à la reprendre, ou l'on ne l'était point à la lui ôter. Mais l'ordre social est un droit sacré qui sert de base à tous les autres. Cependant ce droit ne vient point de la nature ; il est donc fondé sur des conventions. Il s'agit de savoir quelles sont ces conventions. Avant d'en venir là, je dois établir ce que je viens d'avancer.

CHAPITRE II.

Des premières Sociétés.

LA plus ancienne de toutes les sociétés et la seule naturelle, est celle de la famille. Encore les enfants ne restent-ils liés au père qu'aussi longtemps qu'ils ont besoin de lui pour se conserver. Sitôt que ce besoin cesse, le lien naturel se dissout. Les enfants, exempts de l'obéissance qu'ils devaient au père ; le père, exempt des soins qu'il devait aux enfants, rentrent tous également dans l'indépendance. S'ils continuent de rester unis, ce n'est plus naturellement, c'est volontairement, et la famille elle-même ne se maintient que par convention.

Cette liberté commune est une conséquence de la nature de l'homme. Sa première loi est de veiller à sa propre conservation, ses premiers soins sont ceux qu'il se doit à lui-même ; et sitôt qu'il est en âge de raison, lui seul étant juge des moyens propres à le conserver, devient par-là son propre maître.

La famille est donc, si l'on veut, le premier modèle des sociétés politiques, le chef est l'image du père, le peuple est l'image des enfants : et tous étant nés égaux et libres, n'aliènent leur liberté que pour leur utilité. Toute la différence est que dans la famille l'amour du père pour ses enfants le paie des soins qu'il leur rend, et que dans l'État le plaisir de commander supplée à cet amour que le chef n'a pas pour ses peuples.

Grotius nie que tout pouvoir humain soit établi en faveur de ceux qui sont gouvernés : il cite l'esclavage en exemple. Sa plus constante manière de raisonner est d'établir toujours le droit par le fait [1]. On pourrait employer une méthode plus conséquente, mais non pas plus favorable aux tyrans.

[1] « Les savantes recherches sur le droit public « ne sont souvent que l'histoire des anciens abus, « et on s'est entêté mal à propos quand on s'est « donné la peine de les trop étudier. » (*Traité des intérêts de la France avec ses voisins*, par le marquis d'Argenson.) Voilà précisément ce qu'a fait Grotius.

Il est donc douteux, selon Grotius, si le genre humain appartient à une centaine d'hommes, ou si cette centaine d'hommes appartient au genre humain; et il paraît, dans tout son livre, pencher pour le premier avis : c'est aussi le sentiment de Hobbes. Ainsi voilà l'espèce humaine divisée en troupeaux de bétail, dont chacun a son chef qui le garde pour le dévorer.

Comme un pâtre est d'une nature supérieure à celle de son troupeau, les pasteurs d'hommes, qui sont leurs chefs, sont aussi d'une nature supérieure à celle de leurs peuples. Ainsi raisonnait, au rapport de Philon, l'empereur Caligula; concluant assez bien de cette analogie, que les rois étaient des dieux, ou que les peuples étaient des bêtes.

Le raisonnement de ce Caligula revient à celui de Hobbes et de Grotius. Aristote, avant eux tous, avait dit aussi que les hommes ne sont point naturellement égaux, mais que les uns naissent pour l'esclavage, et les autres pour la domination.

Aristote avait raison, mais il prenait l'effet pour la cause. Tout homme né dans l'esclavage naît pour l'esclavage, rien n'est plus certain. Les esclaves perdent tout dans leurs fers, jusqu'au desir d'en sortir : ils aiment leur servitude, comme les compagnons d'Ulysse aimaient leur abrutissement [1]. S'il y a donc des esclaves par nature, c'est parce qu'il y a eu des esclaves contre nature. La force a fait les premiers esclaves, leur lâcheté les a perpétués.

Je n'ai rien dit du roi Adam, ni de l'empereur Noé, père de trois grands monarques qui se partagèrent l'univers, comme firent les enfants de Saturne, qu'on a cru reconnaître en eux. J'espère qu'on me saura gré de cette modération; car, descendant directement de l'un de

[1] Voyez un petit Traité de Plutarque, intitulé : *Que les bêtes usent de la raison.*

ces princes, et peut-être de la branche
aînée, que sais-je si, par la vérification
des titres, je ne me trouverais point le
légitime roi du genre humain ? Quoi
qu'il en soit, on ne peut disconvenir
qu'Adam n'ait été souverain du monde,
comme Robinson de son île tant qu'il
en fut le seul habitant ; et ce qu'il y
avait de commode dans cet empire, était
que le monarque, assuré sur son trône,
n'avait à craindre ni rebellions, ni guerres, ni conspirateurs.

CHAPITRE III.

Du Droit du plus fort.

Le plus fort n'est jamais assez fort
pour être toujours le maître, s'il ne
transforme sa force en droit et l'obéissance en devoir. De là le droit du plus
fort ; droit pris ironiquement en apparence, et réellement établi en principe.
Mais ne nous expliquera-t-on jamais ce
mot ? La force est une puissance physi-

que ; je ne vois point quelle moralité peut résulter de ses effets. Céder à la force est un acte de nécessité, non de volonté ; c'est tout au plus un acte de prudence. En quel sens pourra-ce être un devoir ?

Supposons un moment ce prétendu droit. Je dis qu'il n'en résulte qu'un galimatias inexplicable. Car, sitôt que c'est la force qui fait le droit, l'effet change avec la cause ; toute force qui surmonte la première, succède à son droit. Sitôt qu'on peut désobéir impunément, on le peut légitimement ; et puisque le plus fort a toujours raison, il ne s'agit que de faire ensorte qu'on soit le plus fort. Or, quest-ce qu'un droit qui périt quand la force cesse ? S'il faut obéir par force, on n'a pas besoin d'obéir par devoir ; et si l'on n'est plus forcé d'obéir, on n'y est plus obligé. On voit donc que ce mot de droit n'ajoute rien à la force ; il ne signifie ici rien du tout.

Obéissez aux puissances. Si cela veut dire, cédez à la force, le précepte est bon, mais superflu; je réponds qu'il ne sera jamais violé. Toute puissance vient de Dieu, je l'avoue; mais toute maladie en vient aussi. Est-ce à dire qu'il soit défendu d'appeler le médecin? Qu'un brigand me surprenne au coin d'un bois : non-seulement il faut, par force, donner la bourse; mais, quand je pourrais la soustraire, suis-je en conscience obligé de la donner : car enfin le pistolet qu'il tient est aussi une puissance.

Convenons donc que force ne fait pas droit, et qu'on n'est obligé d'obéir que aux puissances légitimes. Ainsi ma question primitive revient toujours.

CHAPITRE IV.

De l'Esclavage.

PUISQUE aucun homme n'a une autorité naturelle sur son semblable, et puisque la force ne produit aucun droit, restent donc les conventions pour base de toute autorité légitime parmi les hommes.

Si un particulier, dit Grotius, peut aliéner sa liberté et se rendre esclave d'un maître, pourquoi tout un peuple ne pourrait-il pas aliéner la sienne et se rendre sujet d'un roi ? Il y a là bien des mots équivoques qui auraient besoin d'explication ; mais tenons-nous-en à celui d'*aliéner*. Aliéner, c'est donner ou vendre. Or, un homme qui se fait esclave d'un autre ne se donne pas ; il se rend, tout au moins pour sa subsistance : mais un peuple, pourquoi se vend-il ? Bien loin qu'un roi fournisse à ses sujets leur subsistance, il ne tire la sienne que d'eux ; et, selon Rabelais, un roi ne vit pas de peu. Les sujets donnent donc leur personne à condition qu'on prendra aussi leur bien ? Je ne vois pas ce qu'il leur reste à conserver.

On dira que le despote assure à ses sujets la tranquillité civile, soit ; mais qu'y gagnent-ils, si les guerres que son ambition leur attire, si son insatiable avidité, si les vexations de son ministère les désolent plus que ne feraient leurs dissentions ? qu'y gagnent-ils, si cette tranquillité même est une de leurs misères ? On vit tranquille aussi dans les cachots ; en est-ce assez pour s'y trouver bien ? Les Grecs enfermés dans l'antre du Cyclope y vivaient tranquilles, en attendant que leur tour vînt d'être dévorés.

Dire qu'un homme se donne gratuitement, c'est dire une chose absurde et inconcevable; un tel acte est illégitime et nul, par cela seul que celui qui le fait n'est pas dans son bon sens. Dire la même chose de tout un peuple, c'est supposer un peuple de fous : la folie ne fait pas droit.

Quand chacun pourrait s'aliéner lui-même, il ne peut aliéner ses enfants ; ils naissent hommes et libres; leur liberté leur appartient, nul n'a droit d'en disposer qu'eux. Avant qu'ils soient en âge de raison, le père peut en leur nom stipuler des conditions pour leur conservation, pour leur bien-être, mais non les donner irrévocablement et sans condition; car un tel don est contraire aux fins de la nature, et passe les droits de la paternité. Il faudrait donc, pour qu'un gouvernement arbitraire fût légitime, qu'à chaque génération le peuple fût le maître de l'admettre ou de le rejeter : mais alors ce gouvernement ne serait plus arbitraire.

Renoncer à sa liberté, c'est renoncer à sa qualité d'homme, aux droits de l'humanité, même à ses devoirs. Il n'y a nul dédommagement possible pour quiconque renonce à tout. Une telle renonciation est incompatible avec la nature de l'homme, et c'est ôter toute moralité à ses actions, que d'ôter toute liberté à sa volonté. Enfin, c'est une convention vaine et contradictoire, de stipuler d'une part une autorité absolue, et de l'autre une obéissance sans bornes. N'est-il pas clair qu'on n'est engagé à rien envers celui dont on a droit de tout exiger ? et cette seule condition, sans équivalent, sans échange, n'entraîne-t-elle pas la nullité de l'acte ? Car quel droit mon esclave aurait-il contre moi, puisque tout ce qu'il a m'appartient, et que son droit étant le mien, ce droit de moi contre moi-même est un mot qui n'a aucun sens ?

Grotius et les autres tirent de la guerre une autre origine du prétendu droit d'esclavage. Le vainqueur ayant, selon eux, le droit de tuer le vaincu, celui-ci peut racheter sa vie aux dépens de sa liberté ; convention d'autant plus légitime, qu'elle tourne au profit de tous deux.

Mais il est clair que ce prétendu droit de tuer les vaincus ne résulte en aucune manière de l'état de guerre. Par cela seul que les hommes vivant dans leur primitive indépendance n'ont point entre eux de rapport assez constant pour constituer ni l'état de paix ni l'état de guerre, ils ne sont point naturellement ennemis. C'est le rapport des choses, et non des hommes, qui constitue la guerre; et l'état de guerre ne pouvant naître des simples relations personnelles, mais seulement des relations réelles, la guerre privée ou d'homme à homme ne peut exister, ni dans l'état de nature, où il n'y a point de propriété constante, ni dans l'état social, où tout est sous l'autorité des lois.

Les combats particuliers, les duels, les rencontres, sont des actes qui ne constituent point un état; et à l'égard des guerres privées, autorisées par les Etablissements de Louis IX, roi de France, et suspendues par la paix de Dieu, ce sont des abus du gouvernement féodal : système absurde s'il en fut jamais, contraire aux principes du droit naturel et à toute bonne politique.

La guerre n'est donc point une relation d'homme à homme, mais une relation d'Etat à Etat, dans laquelle les particuliers ne sont ennemis qu'acciden-tellement, non point comme hommes ni même comme citoyens [1], mais comme soldats; non point comme membres de la patrie, mais comme ses défenseurs.

[1] Les Romains, qui ont entendu et plus res-pecté le droit de la guerre qu'aucune nation du monde, portaient si loin le scrupule à cet égard, qu'il n'était pas permis à un citoyen de servir com-me volontaire, sans s'être engagé expressément contre l'ennemi, et nommément contre tel en-nemi. Une légion où Caton le fils faisait ses pre-mières armes sous Popilius, ayant été réformée, Caton le père écrivit à Popilius que s'il voulait bien que son fils continuât de servir sous lui, il fallait lui faire prêter un nouveau serment militaire, parce que le premier étant annullé, il ne pouvait plus porter les armes contre l'ennemi. Et le même Caton écrivit à son fils de se bien garder de se pré-senter au combat qu'il n'eût prêté ce nouveau ser-ment.

Je sais qu'on pourra m'opposer le siège de Clu-sium et d'autres faits particuliers. Mais moi, je cite des lois, des usages. Les Romains sont ceux qui ont le moins souvent transgressé leurs lois, et ils sont les seuls qui en aient eu d'aussi belles.

Enfin chaque Etat ne peut avoir pour ennemis que d'autres Etats, et non pas des hommes, attendu qu'entre choses de diverses natures on ne peut fixer aucun vrai rapport.

Ce principe est même conforme aux maximes établies de tous les temps, et à la pratique constante de tous les peuples policés. Les déclarations de guerre sont moins des avertissements aux puissances qu'à leurs sujets. L'étranger, soit roi, soit particulier, soit peuple, qui vole, tue ou détient les sujets sans déclarer la guerre au prince, n'est pas un ennemi, c'est un brigand. Même en pleine guerre un prince juste s'empare bien, en pays ennemi, de tout ce qui appartient au public; mais il respecte la personne et les biens des particuliers : il respecte des droits sur lesquels sont fondés les siens. La fin de la guerre étant la destruction de l'Etat ennemi, on a droit d'en tuer les défenseurs tant qu'ils ont les armes à la main; mais sitôt qu'ils les posent et se rendent, cessant d'être ennemis ou instruments de l'ennemi, ils redeviennent simplement hommes, et l'on n'a plus de droit sur leur vie. Quelquefois on peut tuer l'État sans tuer un seul de ses membres : or, la guerre ne donne aucun droit qui ne soit nécessaire à sa fin. Ces principes ne sont pas ceux de Grotius ; ils ne sont pas fondés sur des autorités de poètes ; mais ils dérivent de la nature des choses, et sont fondés sur la raison.

A l'égard du droit de conquête, il n'a d'autre fondement que la loi du plus fort. Si la guerre ne donne point au vainqueur le droit de massacrer les peuples vaincus, ce droit qu'il n'a pas, ne peut fonder celui de les asservir. On n'a le droit de tuer l'ennemi, que quand on ne peut le faire esclave : le droit de le faire esclave ne vient donc pas du droit de le tuer : c'est donc un échange inique de lui faire acheter au prix de sa liberté, sa vie sur laquelle on n'a aucun droit. En établissant le droit de vie et de mort sur le droit d'esclavage, et le droit d'esclavage sur le droit de vie et de mort, n'est-il pas clair qu'on tombe dans le cercle vicieux ?

En supposant même ce terrible droit de tout tuer, je dis qu'un esclave fait à la guerre, ou un peuple conquis, n'est tenu à rien du tout envers son maître, qu'à lui obéir autant qu'il y est forcé. En prenant un équivalent à sa vie, le vainqueur ne lui en a point fait grace ; au lieu de le tuer sans fruit, il l'a tué utilement. Loin donc qu'il ait acquis sur lui nulle autorité jointe à la force, l'état de guerre subsiste entre eux comme auparavant ; leur relation même en est l'effet, et l'usage du droit de la guerre ne suppose aucun traité de paix. Ils ont fait une convention, soit ; mais cette convention, loin de détruire l'état de guerre, en suppose la continuité.

Ainsi, de quelque sens qu'on envisage les choses, le droit d'esclavage est nul,

non-seulement parce qu'il est illégitime,
mais parce qu'il est absurde et ne signifie rien. Ces mots, *esclavage et droit*, sont
contradictoires ; ils s'excluent mutuellement. Soit d'un homme à un homme,
soit d'un homme à un peuple, ce discours sera toujours également insensé :
*Je fais avec toi une convention toute à
ta charge et toute à mon profit, que j'ob-
serverai tant qu'il me plaira, et que tu ob-
serveras tant qu'il me plaira.*

CHAPITRE V.

*Qu'il faut toujours remonter à une pre-
mière convention.*

QUAND j'accorderais tout ce que
j'ai réfuté jusqu'ici, les fauteurs du
despotisme n'en seraient pas plus avan-
cés. Il y aura toujours une grande différence entre soumettre une multitude et
régir une société. Que des hommes épars
soient successivement asservis à un seul,
en quelque nombre qu'ils puissent être,

je ne vois là qu'un maître et des esclaves,
je n'y vois point un peuple et son chef :
c'est, si l'on veut, une agrégation, mais
non pas une association : il n'y a là ni
bien public, ni corps politique. Cet homme eût-il asservi la moitié du monde,
n'est toujours qu'un particulier ; son intérêt, séparé de celui des autres, n'est
toujours qu'un intérêt privé. Si ce même
homme vient à périr, son empire après
lui reste épars et sans liaison ; comme
un chêne se dissout et tombe en un tas
de cendres, après que le feu l'a consumé.

Un peuple, dit Grotius, peut se donner à un roi. Selon Grotius, un peuple
est donc un peuple avant de se donner à
un roi. Ce don même est un acte civil ;
il suppose une délibération publique.
Avant donc que d'examiner l'acte par
lequel un peuple élit un roi, il seroit bon
d'examiner l'acte par lequel un peuple
est un peuple. Car cet acte étant nécessairement antérieur à l'autre, est le vrai
fondement de la société.

En effet, s'il n'y avait point de convention antérieure, où serait, à moins que l'élection ne fût unanime, l'obligation pour le petit nombre de se soumettre au choix du grand ? et d'où cent qui veulent un maître, ont-ils le droit de voter pour dix qui n'en veulent point ? La loi de la pluralité des suffrages est elle-même un établissement de convention, et suppose au moins une fois l'unanimité.

CHAPITRE VI.

Du Pacte social.

JE suppose les hommes parvenus à ce point où les obstacles qui nuisent à leur conservation dans l'état de nature, l'emportent par leur résistance sur les forces que chaque individu peut employer pour se maintenir dans cet état. Alors cet état primitif ne peut plus subsister, et le genre humain périrait s'il ne changeait sa manière d'être.

Or, comme les hommes ne peuvent
engendrer de nouvelles forces, mais seulement unir et diriger celles qui exis-
tent, ils n'ont plus d'autre moyen pour
se conserver, que de former, par agrégation, une somme de forces qui puisse
l'emporter sur la résistance, de les mettre en jeu par un seul mobile, et de les
faire agir de concert.

Cette somme de forces ne peut naître
que du concours de plusieurs : mais la
force et la liberté de chaque homme
étant les premiers instruments de sa conservation, comment les engagera-t-il
sans se nuire, et sans négliger les soins
qu'il se doit? Cette difficulté, ramenée à
mon sujet, peut s'énoncer en ces termes :

» Trouver une forme d'association qui
« défende et protége de toute la force
« commune la personne et les biens de
« chaque associé, et par laquelle chacun
« s'unissant à tous, n'obéisse pourtant
« qu'à lui-même, et reste aussi libre

« qu'auparavant ? » Tel est le problême fondamental dont le contrat social donne la solution.

Les clauses de ce contrat sont tellement déterminées par la nature de l'acte, que la moindre modification les rendrait vaines et de nul effet; ensorte que, bien qu'elles n'aient peut-être jamais été formellement énoncées, elles sont partout les mêmes, partout tacitement admises et reconnues, jusqu'à ce que, le pacte social étant violé, chacun rentre alors dans ses premiers droits, et reprenne sa liberté naturelle, en perdant la liberté conventionnelle pour laquelle il y renonça.

Ces clauses bien entendues se réduisent toutes à une seule, savoir, l'aliénation totale de chaque associé avec tous ses droits à toute la communauté. Car, premièrement, chacun se donnant tout entier, la condition est égale pour tous; et la condition étant égale pour tous, nul n'a intérêt de la rendre onéreuse aux autres.

De plus, l'aliénation se faisant sans réserve, l'union est aussi parfaite qu'elle peut l'être, et nul associé n'a plus rien à réclamer: car, s'il restait quelques droits aux particuliers, comme il n'y aurait aucun supérieur commun qui pût prononcer entre eux et le public, chacun étant en quelque point son propre juge, prétendrait bientôt l'être en tous, l'état de nature subsisterait, et l'association deviendrait nécessairement tyrannique ou vaine.

Enfin, chacun se donnant à tous ne se donne à personne, et comme il n'y a pas un associé sur lequel on n'acquière le même droit qu'on lui cède sur soi, on gagne l'équivalent de tout ce qu'on perd, et plus de force pour conserver ce qu'on a.

Si donc on écarte du pacte social ce qui n'est pas de son essence, on trouvera qu'il se réduit aux termes suivants: *Chacun de nous met en commun sa personne et toute sa puissance, sous la suprême direction de la volonté générale ; et nous recevons en corps chaque membre comme partie indivisible du tout.*

A l'instant, au lieu de la personne particulière de chaque contractant, cet acte d'association produit un corps moral et collectif, composé d'autant de membres que l'assemblée a de voix, lequel reçoit de ce même acte son unité, son *moi* commun, sa vie et sa volonté. Cette personne publique, qui se forme ainsi par l'union de toutes les autres, prenait autrefois le nom de *cité* [1], et

[1] Le vrai sens de ce mot s'est presque entièrement effacé chez les modernes ; la plupart prennent une ville pour une cité, et un bourgeois pour un citoyen. Ils ne savent pas que les maisons font la ville, mais que les citoyens font la cité. Cette même erreur coûta cher autrefois aux Carthaginois. Je n'ai pas lu que le titre de *cives* ait jamais été donné aux sujets d'aucun prince, pas même anciennement aux Macédoniens, ni de nos jours aux Anglais, quoique plus près de la liberté que tous les autres. Les seuls Français prennent tout familièrement ce nom de *citoyens*, parce

prend maintenant celui de *république* ou de *corps politique*, lequel est appelé par ses membres *état*, quand il est passif; *souverain*, quand il est actif; *puissance*, en le comparant à ses semblables. A l'égard des associés, ils prennent collectivement le nom de *peuple*, et s'appellent en particulier *citoyens*, comme participants à l'autorité souveraine, et *sujets*, comme soumis aux lois de l'état. Mais ces termes se confondent souvent, et se prennent l'un pour l'autre; il suffit de

qu'ils n'en ont aucune véritable idée, comme on peut le voir dans leurs dictionnaires, sans quoi ils tomberaient, en l'usurpant, dans le crime de lèse-majesté : ce nom, chez eux, exprime une vertu et non pas un droit. Quand Bodin a voulu parler de nos citoyens et bourgeois, il a fait une lourde bévue en prenant les uns pour les autres. M. d'Alembert ne s'y est pas trompé, et a bien distingué, dans son article *Genève*, les quatre ordres d'hommes (même cinq en y comptant les simples étrangers) qui sont dans notre ville, et dont deux seulement composent la république. Nul autre auteur français, que je sache, n'a compris le vrai sens du mot *citoyen*.

les savoir distinguer quand ils sont employés dans toute leur précision.

CHAPITRE VII.

Du Souverain.

On voit par cette formule, que l'acte d'association renferme un engagement réciproque du public avec les particuliers, et que chaque individu contractant, pour ainsi dire, avec lui-même, se trouve engagé sous un double rapport ; savoir, comme membre du souverain envers les particuliers, et comme membre de l'état envers le souverain. Mais on ne peut appliquer ici la maxime du droit civil, que nul n'est tenu aux engagemens pris avec lui-même ; car il y a bien de la différence entre s'obliger envers soi, ou envers un tout dont on fait partie.

Il faut remarquer encore que la délibération publique, qui peut obliger tous les sujets envers le souverain, à cause

des deux différents rapports sous le[ ] [ ]ls
chacun d'eux est envisagé, ne peut [ ] [ ]r
la raison contraire, obliger le souverain
envers lui-même ; et que , par conséquent, il est contre la nature du corps
politique que le souverain s'impose une
loi qu'il ne puisse enfreindre. Ne pouvant se considérer que sous un seul et
même rapport, il est alors dans le cas
d'un particulier contractant avec soi-
même : par où l'on voit qu'il n'y a ni
ne peut y avoir nulle espèce de loi fondamentale obligatoire pour le corps du
peuple, pas même le contrat social ; ce
qui ne signifie pas que ce corps ne puisse
fort bien s'engager envers autrui en ce
qui ne déroge point à ce contrat ; car,
à l'égard de l'étranger, il devient un
être simple, un individu.

Mais le corps politique ou le souverain ne tirant son être que de la sainteté
du contrat, ne peut jamais s'obliger,
même envers autrui, à rien qui déroge
à cet acte primitif, comme d'aliéner

quelque portion de lui-même, ou de se soumettre à un autre souverain. Violer l'acte par lequel il existe, serait s'anéantir; et ce qui n'est rien ne produit rien.

Sitôt que cette multitude est ainsi réunie en un corps, on ne peut offenser un des membres sans attaquer le corps; encore moins offenser le corps sans que les membres s'en ressentent. Ainsi le devoir et l'intérêt obligent également les deux parties contractantes à s'entre-aider mutuellement, et les mêmes hommes doivent chercher à réunir sous ce double rapport tous les avantages qui en dépendent.

Or, le souverain n'étant formé que des particuliers qui le composent, n'a ni ne peut avoir d'intérêt contraire au leur: par conséquent, la puissance souveraine n'a nul besoin de garant envers les sujets, parce qu'il est impossible que le corps veuille nuire à tous ses membres; et nous verrons ci-après qu'il ne peut nuire à aucun en particulier. Le souverain, par cela seul qu'il est, est toujours tout ce qu'il doit être.

Mais il n'en est pas ainsi des sujets envers le souverain, auquel, malgré l'intérêt commun, rien ne répondrait de leurs engagements, s'il ne trouvait des moyens de s'assurer de leur fidélité.

En effet chaque individu peut, comme homme, avoir une volonté particulière, contraire ou dissemblable à la volonté générale qu'il a comme citoyen. Son intérêt particulier peut lui parler tout autrement que l'intérêt commun : son existence absolue et naturellement indépendante peut lui faire envisager ce qu'il doit à la cause commune comme une contribution gratuite, dont la perte sera moins nuisible aux autres que le paiement n'en est onéreux pour lui ; et regardant la personne morale qui constitue l'état comme un être de raison, parce que ce n'est pas un homme, il jouirait des droits du citoyen sans vouloir remplir les devoirs du sujet : injustice dont le progrès causerait la ruine du corps politique.

Afin donc que le pacte social ne soit pas un vain formulaire, il renferme tacitement cet engagement, qui seul peut donner de la force aux autres, que quiconque refusera d'obéir à la volonté générale y sera contraint par tout le corps; ce qui ne signifie autre chose, sinon qu'on le forcera d'être libre : car telle est la condition qui, donnant chaque citoyen à la patrie, le garantit de toute dépendance personnelle; condition qui fait l'artifice et le jeu de la machine politique, et qui seule rend légitimes les engagements civils, lesquels, sans cela, seraient absurdes, tyranniques, et sujets aux plus énormes abus.

CHAPITRE VIII.

De l'État civil.

Ce passage de la nature à l'état civil produit dans l'homme un changement très-remarquable, en substituant dans sa conduite la justice à l'instinct, et donnant à ses actions la moralité qui leur manquait auparavant. C'est alors seulement que la voix du devoir succédant à l'impulsion physique, et le droit à l'appétit, l'homme, qui jusques-là n'avait regardé que lui-même, se voit forcé d'agir sur d'autres principes, et de consulter sa raison avant d'écouter ses penchants. Quoiqu'il se prive dans cet état de plusieurs avantages qu'il tient de la nature, il en regagne de si grands, ses facultés s'exercent et se développent, ses idées s'étendent, ses sentiments s'ennoblissent, son ame toute entière s'éleve à tel point, que si les abus de cette nouvelle condition ne le dégradaient souvent au dessous de celle dont il est sorti, il devrait bénir sans cesse l'instant heureux qui l'en arracha pour jamais, et qui, d'un animal stupide et borné, fit un être intelligent et un homme.

Réduisons toute cette balance à des

termes faciles à comparer. Ce que l'homme perd par le contrat social, c'est sa liberté naturelle, et un droit illimité à tout ce qui le tente et qu'il peut atteindre : ce qu'il gagne, c'est la liberté civile, et la propriété de tout ce qu'il possède. Pour ne pas se tromper dans ses compensations, il faut bien distinguer la liberté naturelle, qui n'a pour bornes que les forces de l'individu, de la liberté civile, qui est limitée par la volonté générale ; et la possession, qui n'est que l'effet de la force ou le droit du premier occupant, de la propriété, qui ne peut être fondée que sur un titre positif.

On pourrait sur ce qui précède, ajouter, à l'acquis de l'état civil, la liberté morale, qui seule rend l'homme vraiment maître de lui ; car l'impulsion du seul appétit est esclavage, et l'obéissance à la loi qu'on s'est prescrite est la liberté. Mais je n'en ai déja que trop dit sur cet article, et le sens philosophique du mot *liberté* n'est pas ici de mon sujet.

CHAPITRE IX.

Du Domaine réel.

CHAQUE membre de la communauté se donne à elle au moment qu'elle se forme, tel qu'il se trouve actuellement, lui et toutes ses forces, dont les biens qu'il possède font partie. Ce n'est pas que par cet acte la possession change de nature en changeant de mains, et devienne propriété dans celle du souverain : mais comme les forces de la cité sont incomparablement plus grandes que celles d'un particulier, la possession publique est aussi dans le fait plus forte et plus irrévocable, sans être plus légitime, au moins pour les étrangers. Car l'état, à l'égard de ses membres, est maître de tous leurs biens par le contrat social, qui, dans l'état, sert de base à tous les droits ; mais il ne l'est à l'égard des autres puissances, que par le droit de premier occupant, qu'il tient des particuliers.

Le droit de premier occupant, quoique plus réel que celui du plus fort, ne devient un vrai droit qu'après l'établissement de celui de propriété. Tout homme a naturellement droit à tout ce qui lui est nécessaire ; mais l'acte positif qui le rend propriétaire de quelque bien, l'exclut de tout le reste : sa part étant faite, il doit s'y borner, et n'a plus aucun droit à la communauté. Voilà pourquoi le droit de premier occupant, si faible dans l'état de nature, est respectable à tout homme civil. On respecte moins, dans ce droit, ce qui est à autrui que ce qui n'est pas à soi.

En général, pour autoriser sur un terrain quelconque le droit de premier occupant, il faut les conditions suivantes. Premièrement, que ce terrain ne soit encore habité par personne ; secondement, qu'on n'en occupe que la quantité dont on a besoin pour subsister ; en troisième lieu, qu'on en prenne possession, non par une vaine cérémonie, mais par le travail et la culture, seul signe de propriété qui, au défaut de titres juridiques, doive être respecté d'autrui.

En effet, accorder au besoin et au travail le droit du premier occupant, n'est-ce pas l'étendre aussi loin qu'il peut aller ? Peut-on ne pas donner des bornes à ce droit ? Suffira-t-il de mettre le pied sur un terrain commun, pour s'en prétendre aussitôt le maître ? Suffira-t-il d'avoir la force d'en écarter un moment les autres hommes, pour leur ôter le droit d'y jamais revenir ? Comment un homme ou un peuple peut-il s'emparer d'un territoire immense, et en priver tout le genre humain, autrement que par une usurpation punissable, puisqu'elle ote au reste des hommes le séjour et les aliments que la nature leur donne en commun ? Quand Nunnez Balbao prenait, sur le rivage, possession de la mer du Sud et de toute l'Amérique méridionale au nom de la couronne de Castille, était-ce assez pour en déposséder tous les habitants et en exclure tous les princes du monde ? Sur ce pied-là, ces cérémonies se multipliaient assez vainement, et le roi catholique n'avait tout d'un coup qu'à prendre, de son cabinet, possession de tout l'univers, sauf à retrancher ensuite de son empire ce qui était auparavant possédé par les autres princes.

On conçoit comment les terres des particuliers réunies et continguës deviennent le territoire public, et comment le droit de souveraineté s'étendant des sujets au terrain qu'ils occupent, devient à la fois réel et personnel ; ce qui met les possesseurs dans une plus grande dépendance, et fait de leurs forces même les garants de leur fidélité : avantage qui ne paraît pas avoir été bien senti des anciens monarques, qui, ne s'appelant que rois des Perses, des Scythes, des Macédoniens, semblaient se regarder comme les chefs des hommes, plutôt que comme les maîtres du pays. Ceux d'aujourd'hui s'appellent plus habilement rois de France, d'Espagne, d'Angleterre, etc. En tenant ainsi le terrain, ils sont bien sûrs d'en tenir les habitants.

Ce qu'il y a de singulier dans cette aliénation, c'est que, loin qu'en acceptant les biens des particuliers la communauté les en dépouille, elle ne fait que leur en assurer la légitime possession, changer l'usurpation en un véritable droit, et la jouissance en propriété. Alors les possesseurs étant considérés comme dépositaires du bien public, leurs droits étant respectés de tous les membres de l'état, et maintenus de toutes ses forces contre l'étranger, par une cession avantageuse au public et plus encore à eux-mêmes, ils ont, pour ainsi dire, acquis tout ce qu'ils ont donné. Paradoxe qui s'explique aisément par la distinction des droits que le souverain et le propriétaire ont sur le même fonds, comme on verra ci-après.

Il peut arriver aussi que les hommes commencent à s'unir avant que de rien posséder, et que, s'emparant ensuite d'un terrain suffisant pour tous, ils en jouissent en commun, ou qu'ils le partagent entre eux, soit également, soit selon des proportions établies par le souverain. De quelque manière que se fasse cette acquisition, le droit que chaque particulier a sur son propre fonds, est toujours subordonné au droit que la communauté a sur tous; sans quoi il n'y aurait ni solidité dans le lien social, ni force réelle dans l'exercice de la souveraineté.

Je terminerai ce chapitre et ce livre par une remarque qui doit servir de base à tout le système social : c'est qu'au lieu de détruire l'égalité naturelle, le pacte fondamental substitue au contraire une égalité morale et légitime à ce que la nature avait pu mettre d'inégalité physique entre les hommes, et que, pour-

vant être inégaux en force ou en génie,
ils deviennent tous égaux par convention
et de droit [1].

[1] Sous les mauvais gouvernements, cette égalité
n'est qu'apparente et illusoire ; elle ne sert qu'à
maintenir le pauvre dans sa misère, et le riche dans
son usurpation. Dans le fait, les lois sont toujours
utiles à ceux qui n'ont rien : d'où il suit que l'état
social n'est avantageux aux hommes qu'autant qu'ils
ont tous quelque chose, et qu'aucun d'eux n'a rien
de trop.

FIN DU LIVRE PREMIER.

DU
CONTRAT SOCIAL.

LIVRE SECOND.

CHAPITRE PREMIER.

Que la Souveraineté est inaliénable.

LA première et la plus importante conséquence des principes ci-devant établis
est que la volonté générale peut seule
diriger les forces de l'état selon la fin de
son institution, qui est le bien commun : car, si l'opposition des intérêts particuliers a rendu nécessaire l'établissement des sociétés, c'est l'accord de ces
mêmes intérêts qui l'a rendu possible.
C'est ce qu'il y a de commun dans ces
différents intérêts qui forment le lien social ; et s'il n'y avait pas quelque point
dans lequel tous les intérêts s'accordent,

nulle société ne saurait exister. Or, c'est uniquement sur cet intérêt commun que la société doit être gouvernée.

Je dis donc que la souveraineté n'étant que l'exercice de la volonté générale, ne peut jamais s'aliéner, et que le souverain, qui n'est qu'un être collectif, ne peut être représenté que par lui-même ; le pouvoir peut bien se transmettre, mais non pas la volonté.

En effet, s'il n'est pas impossible qu'une volonté particulière s'accorde sur quelque point avec la volonté générale, il est impossible au moins que cet accord soit durable et constant : car la volonté particulière tend, par sa nature, aux préférences, et la volonté générale à l'égalité. Il est plus impossible encore qu'on ait un garant de cet accord, quand même il devrait toujours exister ; ce ne serait pas un effet de l'art, mais du hasard. Le souverain peut bien dire : Je veux actuellement ce que veut un tel homme, ou du moins ce qu'il dit

vouloir; mais il ne peut pas dire: Ce que
cet homme voudra demain, je le vou-
drai encore, puisqu'il est absurde que
la volonté se donne des chaînes pour l'a-
venir, et puisqu'il ne dépend d'aucune
volonté de consentir à rien de contraire
au bien de l'être qui veut. Si donc le
peuple promet simplement d'obéir, il
se dissout par cet acte, il perd sa qualité de peuple; à l'instant qu'il y a un
maître, il n'y a plus de souverain, et
dès-lors le corps politique est détruit.

Ce n'est point à dire que les ordres
des chefs ne puissent passer pour des volontés générales, tant que le souverain,
libre de s'y opposer, ne le fait pas. En
pareil cas, du silence universel on doit
présumer le consentement du peuple.
Ceci s'expliquera plus au long.

CHAPITRE II.

Que la Souveraineté est indivisible.

PAR la même raison que la souveraineté est inaliénable, elle est indivisible.

Car la volonté est générale[1], ou elle ne l'est pas ; elle est celle du corps du peuple, ou seulement d'une partie. Dans le premier cas, cette volonté déclarée est un acte de souveraineté, et fait loi : dans le second, ce n'est qu'une volonté particulière ou un acte de magistrature ; c'est un décret tout au plus.

Mais nos politiques ne pouvant diviser la souveraineté dans son principe, la divisent dans son objet ; ils la divisent en force et en volonté, en puissance législative et en puissance exécutive, en droits d'impôts, de justice et de guerre, en administration intérieure et en pouvoir de traiter avec l'étranger : tantôt ils confondent toutes ces parties, et tantôt ils les séparent ; ils font du souverain un être fantastique et formé de pièces rapportées : c'est comme s'ils com-

[1] Pour qu'une volonté soit générale, il n'est pas toujours nécessaire qu'elle soit unanime, mais il est nécessaire que toutes les voix soient comptées ; toute exclusion formelle rompt la généralité.

posaient l'homme de plusieurs corps, dont l'un aurait des yeux, l'autre des bras, l'autre des pieds, et rien de plus. Les charlatans du Japon dépècent, dit-on, un enfant aux yeux des spectateurs, puis, jetant en l'air tous ses membres l'un après l'autre, ils font retomber l'enfant vivant et tout rassemblé. Tels sont à peu près les tours de gobelets de nos politiques ; après avoir démembré le corps social par un prestige digne de la foire, ils rassemblent les pièces on ne sait comment.

Cette erreur vient de ne s'être pas fait des notions exactes de l'autorité souveraine, et d'avoir pris pour des parties de cette autorité ce qui n'en était que des émanations. Ainsi, par exemple, on a regardé l'acte de déclarer la guerre et celui de faire la paix comme des actes de souveraineté ; ce qui n'est pas, puisque chacun de ces actes n'est point une loi, mais seulement une application de la loi, un acte particulier qui détermine le cas de la loi, comme on le verra clairement quand l'idée attachée au mot *loi* sera fixée.

En suivant de même les autres divisions, on trouverait que toutes les fois qu'on croit voir la souveraineté partagée, on se trompe; que les droits qu'on prend pour des parties de cette souveraineté lui sont tous subordonnés, et supposent toujours des volontés suprêmes dont ces droits ne donnent que l'exécution.

On ne saurait dire combien ce défaut d'exactitude a jeté d'obscurité sur les décisions des auteurs en matière de droit politique, quand ils ont voulu juger des droits respectifs des rois et des peuples sur les principes qu'ils avaient établis. Chacun peut voir dans les chapitres III et IV du premier livre de Grotius, comment ce savant homme et son traducteur Barbeyrac s'enchevêtrent, s'embarrassent dans leurs sophismes, crainte d'en dire trop ou de n'en pas dire assez

selon leurs vues, et de choquer les intérêts qu'ils avaient à concilier. Grotius,
réfugié en France, mécontent de sa patrie, et voulant faire sa cour à Louis
XIII, à qui son livre est dédié, n'é-
pargne rien pour dépouiller les peuples
de tous leurs droits, et pour en revêtir les
rois avec tout l'art possible. C'eût bien
été aussi le goût de Barbeyrac, qui dé-
diait sa traduction au roi d'Angleterre
Georges Ier. Mais malheureusement l'expulsion de Jacques II, qu'il appelle ab-
dication, le forçait à se tenir sur la réserve, à gauchir, à tergiverser, pour ne
pas faire de Guillaume un usurpateur.
Si ces deux écrivains avaient adopté les
vrais principes, toutes les difficultés
étaient levées, et ils eussent été toujours
conséquens ; mais ils auraient triste-
ment dit la vérité, et n'auraient fait
leur cour qu'au peuple. Or, la vérité ne
mène point à la fortune, et le peuple
ne donne ni ambassades, ni chaires, ni
pensions.

CHAPITRE III.

Si la volonté générale peut errer.

IL s'ensuit de ce qui précède, que la volonté générale est toujours droite, et tend toujours à l'utilité publique ; mais il ne s'ensuit pas que les délibérations du peuple aient toujours la même rectitude. On veut toujours son bien, mais on ne le voit pas toujours : jamais on ne corrompt le peuple, mais souvent on le trompe ; et c'est alors seulement qu'il paraît vouloir ce qui est mal.

Il y a souvent bien de la différence entre la volonté de tous et la volonté générale : celle-ci ne regarde qu'à l'intérêt commun ; l'autre regarde à l'intérêt privé, et n'est qu'une somme de volontés particulières : mais ôtez de ces mêmes volontés les plus et les moins qui s'entre-détruisent [1],

---

[1] *Chaque intérêt*, dit le marquis d'Argenson, *a des principes différents. L'accord de deux intérêts particuliers se forme par opposition à celui d'un tiers.*

reste pour somme des différences la volonté générale.

Si quand le peuple, suffisamment informé, délibère, les citoyens n'avaient aucune communication entre eux, du grand nombre de petites différences résulterait toujours la volonté générale, et la délibération serait toujours bonne. Mais quand il se fait des brigues, des associations partielles aux dépens de la grande, la volonté de chacune de ces associations devient générale par rapport à ses membres, et particulière par rapport à l'état : on peut dire alors qu'il n'y a plus autant de votants que d'hommes, mais seulement autant que d'associations ; les différences deviennent moins nombreuses, et donnent un résultat

Il eût pu ajouter que l'accord de tous les intérêts se forme par opposition à celui de chacun. S'il n'y avait point d'intérêts différents, à peine sentirait-on l'intérêt commun, qui ne trouverait jamais d'obstacle : tout irait de lui-même, et la politique cesserait d'être un art.

moins général. Enfin , quand une des associations est si grande qu'elle l'emporte sur toutes les autres, vous n'avez plus pour résultat une somme de petites différences , mais une différence unique ; alors il n'y a plus de volonté générale, et l'avis qui l'emporte n'est qu'un avis particulier.

Il importe donc , pour avoir bien l'énoncé de la volonté générale, qu'il n'y ait pas de société partielle dans l'état, et que chaque citoyen n'opine que d'après lui [1]. Telle fut l'unique et sublime institution du grand Lycurgue. Que s'il y a des sociétés partielles, il en faut multiplier le nombre et en prévenir l'inégalité, comme firent Solon, Numa, Ser-

[1] *Vera cosa è*, dit Machiavel, *che alcuni divisioni nuocono alle republiche, e alcune giovano : quelle nuocono che sono dalle sette e da partigiani accompagnate : quelle giovano che senza sette, senza partigiani si mantengono. Non potendo adunque provedere un fondatore d'una republica che non siano nimicizie in quella, hà da proveder almeno che non vi siano sette. Hist. Florent. l. vij.*

vius. Ces précautions sont les seules bonnes pour que la volonté générale soit toujours éclairée, et que le peuple ne se trompe point.

CHAPITRE IV.

Des Bornes du Pouvoir souverain.

Si l'état ou la cité n'est qu'une personne morale, dont la vie consiste dans l'union de ses membres, et si le plus important de ses soins est celui de sa propre conservation, il lui faut une force universelle et compulsive pour mouvoir et disposer chaque partie de la manière la plus convenable au tout. Comme la nature donne à chaque homme un pouvoir absolu sur tous les membres, le pacte social donne au corps politique un pouvoir absolu sur tous les siens ; et c'est ce même pouvoir qui, dirigé par la volonté générale, porte, comme j'ai dit, le nom de souveraineté.

Mais, outre la personne publique,

nous avons à considérer les personnes privées qui la composent, et dont la vie et la liberté sont naturellement indépendantes d'elle. Il s'agit donc de bien distinguer les droits respectifs des citoyens et du souverain [1], et les devoirs qu'ont à remplir les premiers en qualité de sujets, du droit naturel dont ils doivent jouir en qualité d'hommes.

On convient que tout ce que chacun aliène, par le pacte social, de sa puissance, de ses biens, de sa liberté, c'est seulement la partie de tout cela dont l'usage importe à la communauté; mais il faut convenir aussi que le souverain seul est juge de cette importance.

Tous les services qu'un citoyen peut rendre à l'état, il les lui doit sitôt que le souverain les demande; mais le souverain, de son côte, ne peut charger les

[1] Lecteurs attentifs, ne vous pressez pas, je vous prie, de m'accuser ici de contradiction. Je n'ai pu l'éviter dans les termes, vu la pauvreté de la langue, mais attendez.

sujets d'aucune chaîne inutile à la communauté ; il ne peut pas même le vouloir : car, sous la loi de raison, rien ne se fait sans cause, non plus que sous la loi de nature.

Les engagements qui nous lient au corps social ne sont obligatoires que parce qu'ils sont mutuels ; et leur nature est telle, qu'en les remplissant on ne peut travailler pour autrui sans travailler aussi pour soi. Pourquoi la volonté générale est-elle toujours droite, et pourquoi tous veulent-ils constamment le bonheur de chacun d'eux, si ce n'est parce qu'il n'y a personne qui ne s'approprie ce mot *chacun*, et qui ne songe à lui-même en votant pour tous ? Ce qui prouve que l'égalité de droit et la notion de justice qu'elle produit dérivent de la préférence que chacun se donne, et par conséquent de la nature de l'homme ; que la volonté générale, pour être vraiment telle, doit l'être dans son objet ainsi que dans son essence ; qu'elle doit

partir de tous pour s'appliquer à tous,
et qu'elle perd sa rectitude naturelle lorsqu'elle tend à quelque objet individuel
et déterminé, parce qu'alors, jugeant de
ce qui nous est étranger, nous n'avons
aucun vrai principe d'équité qui nous
guide.

En effet, sitôt qu'il s'agit d'un fait ou
d'un droit particulier sur un point qui
n'a pas été réglé par une convention générale et antérieure, l'affaire devient
contentieuse. C'est un procès où les particuliers intéressés sont une des parties,
et le public l'autre, mais où je ne vois
ni la loi qu'il faut suivre, ni le juge qui
doit prononcer. Il serait ridicule de vouloir alors s'en rapporter à une expresse
décision de la volonté générale, qui ne
peut être que la conclusion de l'une des
parties, et qui par conséquent n'est pour
l'autre qu'une volonté étrangère, particulière, portée en cette occasion à l'injustice, et sujette à l'erreur. Ainsi, de
même qu'une volonté particulière ne

peut représenter la volonté générale, la volonté générale, à son tour, change de nature ayant un objet particulier, et ne peut, comme générale, prononcer ni sur un homme, ni sur un fait. Quand le peuple d'Athènes, par exemple, nommait ou cassait ses chefs, décernait des honneurs à l'un, imposait des peines à l'autre, et, par des multitudes de décrets particuliers, exerçait indistinctement tous les actes du gouvernement, le peuple alors n'avait plus de volonté générale proprement dite; il n'agissait plus comme souverain, mais comme magistrat. Ceci paraîtra contraire aux idées communes; mais il faut me laisser le temps d'exposer les miennes.

On doit concevoir par-à, que ce qui généralise la volonté est moins le nombre des voix, que l'intérêt commun qui les unit; car, dans cette institution, chacun se soumet nécessairement aux conditions qu'il impose aux autres: accord admirable de l'intérêt et de la justice, qui donne aux délibérations communes un caractère d'équité qu'on voit évanouir dans la discussion de toute affaire particulière, faute d'un intérêt commun qui unisse et identifie la règle du juge avec celle de la patrie.

Par quelque côté qu'on remonte au principe, on arrive toujours à la même conclusion ; savoir, que le pacte social établit entre les citoyens une telle égalité, qu'ils s'engagent tous sous les mêmes conditions, et doivent jouir tous des mêmes droits Ainsi, par la nature du pacte, tout acte de souveraineté, c'est-à-dire, tout acte authentique de la volonté générale, oblige ou favorise également tous les citoyens, ensorte que le souverain connait seulement le corps de la nation, et ne distingue aucun de ceux qui la composent. Qu'est-ce donc proprement qu'un acte de souveraineté ? Ce n'est pas une convention du supérieur avec l'inférieur, mais une convention du corps avec chacun de ses membres :

convention légitime, parce qu'elle a pour base le contrat social; équitable, parce qu'elle est commune à tous; utile, parce qu'elle ne peut avoir d'autre objet que le bien général; et solide, parce qu'elle a pour garant la force publique et le pouvoir suprême. Tant que les sujets ne sont soumis qu'à de telles conventions, ils n'obéissent à personne, mais seulement à leur propre volonté; et demander jusqu'où s'étendent les droits respectifs du souverain et des citoyens, c'est demander jusqu'à quel point ceux-ci peuvent s'engager avec eux-mêmes, chacun envers tous, et tous envers chacun d'eux.

On voit par-là que le pouvoir souverain, tout absolu, tout sacré, tout inviolable qu'il est, ne passe ni ne peut passer les bornes des conventions générales, et que tout homme peut disposer pleinement de ce qui lui a été laissé de ses biens et de sa liberté par ces conventions; de sorte que le souverain n'est jamais en droit de charger un sujet plus qu'un autre, parce qu'alors l'affaire devenant particulière, son pouvoir n'est plus compétent.

Ces distinctions une fois admises, il est si faux que, dans le contrat social, il y ait de la part des particuliers aucune renonciation véritable; que leur situation, par l'effet de ce contrat, se trouve réellement préférable à ce qu'elle était auparavant, et qu'au lieu d'une aliénation, ils n'ont fait qu'un échange avantageux; d'une manière d'être incertaine et précaire, contre une autre meilleure et plus sûre; de l'indépendance naturelle contre la liberté; du pouvoir de nuire à autrui, contre leur propre sûreté; et de leur force que d'autres pouvaient surmonter, contre un droit que l'union sociale rend invincible. Leur vie même, qu'ils ont dévouée à l'état, en est continuellement protégée; et lorsqu'ils l'exposent pour sa défense, que font-ils alors que lui rendre ce qu'ils ont reçu de lui ? que font-ils qu'ils ne fissent plus fréquemment et avec plus de danger dans l'état de nature ; lorsque, livrant des combats inévitables, ils défendraient, au péril de leur vie, ce qui leur sert à la conserver ? Tous ont à combattre au besoin pour la patrie, il est vrai ; mais aussi nul n'a jamais à combattre pour soi. Ne gagne-t-on pas encore à courir pour ce qui fait notre sûreté, une partie des risques qu'il faudrait courir pour nous-mêmes sitôt qu'elle nous serait ôtée ?

CHAPITRE V.

Du droit de vie et de mort.

On demande comment les particuliers n'ayant point droit de disposer de leur propre vie, peuvent transmettre au souverain ce même droit qu'ils n'ont pas ? Cette question ne parait difficile à résoudre que parce qu'elle est mal posée. Tout homme a droit de risquer sa propre vie pour la conserver. A-t-on jamais dit que celui qui se jette par une fenêtre pour échapper à un incendie, soit coupable de suicide ? a-t-on même jamais imputé ce crime à celui qui périt dans une tempête dont, en s'embarquant, il n'ignorait pas le danger ?

Le traité social a pour fin la conservation des contractants. Qui veut la fin veut aussi les moyens ; et ces moyens sont inséparables de quelques risques, même de quelques pertes. Qui veut conserver sa vie aux dépens des autres, doit la donner aussi pour eux quand il faut. Or, le citoyen n'est plus juge du péril auquel la loi veut qu'il s'expose ; et quand le prince lui a dit : Il est expédient à l'état que tu meures, il doit mourir, puisque ce n'est qu'à cette condition qu'il a vécu en sûreté jusqu'alors, et que sa vie n'est plus seulement un bienfait de la nature, mais un don conditionnel de l'état.

La peine de mort infligée aux criminels peut être envisagée à peu près sous le même point de vue : c'est pour n'être pas la victime d'un assassin, que l'on consent à mourir si on le devient. Dans ce traité, loin de disposer de sa propre vie, on ne songe qu'à la garantir, et il n'est pas à présumer qu'aucun des contractants prémédite alors de se faire pendre.

D'ailleurs, tout malfaiteur attaquant le droit social, devient, par ses forfaits, rebelle et traître à la patrie; il cesse d'en être membre en violant ses lois, et même il lui fait la guerre. Alors la conservation de l'état est incompatible avec la sienne; il faut qu'un des deux périsse; et quand on fait mourir le coupable, c'est moins comme citoyen que comme ennemi. Les procédures, le jugement, sont les preuves et la déclaration qu'il a rompu le traité social, et par conséquent qu'il n'est plus membre de l'état. Or, comme il s'est reconnu tel, tout au moins par son séjour, il en doit

être retranché, par l'exil comme infracteur du pacte, ou par la mort comme ennemi public : car un tel ennemi n'est pas
une personne morale, c'est un homme;
et c'est alors que le droit de la guerre
est de tuer le vaincu.

Mais, dira-t-on, la condamnation
d'un criminel est un acte particulier.
D'accord : aussi cette condamnation
n'appartient-elle point au souverain ;
c'est un droit qu'il peut conférer sans
pouvoir l'exercer lui-même. Toutes mes
idées se tiennent ; mais je ne saurais les
exposer toutes à la fois.

Au reste, la fréquence des supplices
est toujours un signe de faiblesse ou de
paresse dans le gouvernement. Il n'y a
point de méchant qu'on ne pût rendre
bon à quelque chose. On n'a droit de
faire mourir, même pour l'exemple, que
celui qu'on ne peut conserver sans danger.

A l'égard du droit de faire grace, ou
d'exempter un coupable de la peine

portée par la loi et prononcée par le juge, il n'appartient qu'à celui qui est au dessus du juge et de la loi, c'est-à-dire, au souverain : encore son droit en ceci n'est-il pas bien net, et les cas d'en user sont-ils très-rares. Dans un état bien gouverné il y a peu de punitions, non parce qu'on fait beaucoup de graces, mais parce qu'il y a peu de criminels : la multitude des crimes en assure l'impunité lorsque l'état dépérit. Sous la république romaine, jamais le sénat ni les consuls ne tentèrent de faire grace : le peuple même n'en faisait pas, quoiqu'il révoquât quelquefois son propre jugement. Les fréquentes graces annoncent que bientôt les forfaits n'en auront plus besoin, et chacun voit où cela mène. Mais je sens que mon cœur murmure et retient ma plume ; laissons discuter ces questions à l'homme juste qui n'a point failli, et qui jamais n'eut lui-même besoin de grace.

CHAPITRE VI.

De la Loi.

PAR le pacte social nous avons donné l'existence et la vie au corps politique : il s'agit maintenant de lui donner le mouvement et la volonté par la législation : car l'acte primitif par lequel ce corps se forme et s'unit, ne détermine rien encore de ce qu'il doit faire pour se conserver.

Ce qui est bien et conforme à l'ordre est tel par la nature des choses, et indépendamment des conventions humaines. Toute justice vient de Dieu, lui seul en est la source ; mais si nous savions la recevoir de si haut, nous n'aurions besoin ni de gouvernement ni de lois. Sans doute il est une justice universelle émanée de la raison seule ; mais cette justice, pour être admise entre nous, doit être réciproque. A considérer humainement les choses, faute de sanction naturelle, les lois de la justice sont vaines parmi les hommes; elles ne font que le bien du méchant et le mal du juste, quand celui-ci les observe avec tout le monde sans que personne les observe avec lui. Il faut donc des conventions et des lois pour unir les droits aux devoirs, et ramener la justice à son objet. Dans l'état de nature, où tout est commun, je ne dois rien à ceux à qui je n'ai rien promis, je ne reconnais pour être à autrui que ce qui m'est inutile. Il n'en est pas ainsi dans l'état civil, où tous les droits sont fixés par la loi.

Mais qu'est-ce donc enfin qu'une loi? Tant qu'on se contentera de n'attacher à ce mot que des idées métaphysiques, on continuera de raisonner sans s'entendre; et quand on aura dit ce que c'est qu'une loi de la nature, on n'en saura pas mieux ce que c'est qu'une loi de l'état.

J'ai déja dit qu'il n'y avait point de volonté générale sur un objet particulier. En effet, cet objet particulier est dans l'état ou hors de l'état. S'il est hors de l'état, une volonté qui lui est étrangère n'est point générale par rapport à lui ; et si cet objet est dans l'état, il en fait partie : alors il se forme entre le tout et sa partie une relation qui en fait deux êtres séparés, dont la partie est l'un, et le tout, moins cette même partie, est l'autre. Mais le tout moins une partie n'est point le tout, et tant que ce rapport subsiste, il n'y a plus de tout, mais deux parties inégales ; d'où il suit que la volonté de l'une n'est point non plus générale par rapport à l'autre.

Mais quand tout le peuple statue sur tout le peuple, il ne considère que lui-même ; et s'il se forme alors un rapport, c'est de l'objet entier sous un point de vue, à l'objet entier sous un autre point de vue, sans aucune division du tout. A-lors la matière sur laquelle on statue est générale, comme la volonté qui statue. C'est cet acte que j'appelle une loi.

Quand je dis que l'objet des lois est toujours général, j'entends que la loi considère les sujets en corps, et les actions comme abstraites, jamais un homme comme individu ni une action particulière. Ainsi la loi peut bien statuer qu'il y aura des privileges, mais elle n'en peut donner nommément à personne : la loi peut faire plusieurs classes de citoyens, assigner même les qualités qui donneront droit à ces classes, mais elle ne peut nommer tels et tels pour y être admis ; elle peut établir un gouvernement royal et une succession héréditaire, mais elle ne peut élire un roi ni nommer une famille royale ; en un mot, toute fonction qui se rapporte à un objet individuel, n'appartient point à la puissance législative.

Sur cette idée, on voit à l'instant qu'il ne faut plus demander à qui il appartient de faire des lois, puisqu'elles sont des actes de la volonté générale ; ni si le prince est au dessus des lois, puisqu'il est membre de l'état ; ni si la loi peut être injuste, puisque nul n'est injuste envers lui-même; ni comment on est libre et soumis aux lois, puisqu'elles ne sont que des registres de nos volontés.

On voit encore que la loi réunissant l'universalité de la volonté et celle de l'objet, ce qu'un homme, quel qu'il puisse être, ordonne de son chef, n'est point une loi : ce qu'ordonne même le souverain sur un objet particulier n'est pas non plus une loi, mais un décret; ni un acte de souveraineté, mais de magistrature.

J'appelle donc république tout état régi par des lois, sous quelque forme d'administration que ce puisse être : car alors seulement l'intérêt public gouverne, et la chose publique est quelque chose. Tout gouvernement légitime est républicain¹. J'expliquerai ci-après ce que c'est que gouvernement.

¹ Je n'entends pas seulement par ce mot une aristocratie ou une démocratie, mais en général tout gouvernement guidé par la volonté générale, qui est la loi. Pour être légitime, il ne faut pas

Les lois ne sont proprement que les conditions de l'association civile Le peuple soumis aux lois en doit être l'auteur ; il n'appartient qu'à ceux qui s'associent, de régler les conditions de la société : mais comment les régleront-ils ? Sera-ce d'un commun accord, par une inspiration subite ? Le corps politique a-t-il un organe pour énoncer ses volontés ? Qui lui donnera la prevoyance nécessaire pour en former les actes et les publier d'avance, ou comment les prononcera-t-il au moment du besoin ? Comment une multitude aveugle, qui souvent ne sait ce qu'elle veut parce qu'elle sait rarement ce qui lui est bon, exécuterait-elle d'elle-même une entreprise aussi grande, aussi difficile qu'un système de législation ? De lui-même le peuple veut toujours le bien, mais de

que le gouvernement se confonde avec le souverain, mais qu'il en soit le ministre : alors la monarchie elle-même est république. Ceci s'éclaircira dans le livre suivant.

lui-même il ne le voit pas toujours. La volonté générale est toujours droite ; mais le jugement qui la guide n'est pas toujours éclairé. Il faut lui faire voir les objets tels qu'ils sont, quelquefois tels qu'ils doivent lui paraître ; lui montrer le bon chemin qu'elle cherche, la garantir de la séduction des volontés particulières, rapprocher à ses yeux les lieux et les temps, balancer l'attrait des avantages présens et sensibles, par le danger des maux éloignés et cachés. Les particuliers voient le bien qu'ils rejettent : le public veut le bien qu'il ne voit pas. Tous ont également besoin de guides. Il faut obliger les uns à conformer leurs volontés à leur raison ; il faut apprendre à l'autre à connaître ce qu'il veut. Alors, des lumières publiques résulte l'union de l'entendement et de la volonté dans le corps social ; de là l'exact concours des parties, et enfin la plus grande force du tout. Voilà d'où naît la nécessité d'un législateur.

CHAPITRE VII.

Du Législateur.

Pour découvrir les meilleures règles de sociétés qui conviennent aux nations, il faudrait une intelligence supérieure qui vît toutes les passions des hommes, et qui n'en éprouvât aucune ; qui n'eût aucun rapport avec notre nature, et qui la connût à fond ; dont le bonheur fût indépendant de nous, et qui pourtant voulût bien s'occuper du nôtre ; enfin qui, dans le progrès des temps se ménageant une gloire éloignée, pût travailler dans un siècle et jouir dans un autre[1]. Il faudrait des dieux pour donner des lois aux hommes.

Le même raisonnement que faisait Caligula quant au fait, Platon le faisait

[1] Un peuple ne devient célèbre que quand sa législation commence à décliner. On ignore durant combien de siècles l'institution de Lycurgue fit le bonheur des Spartiates, avant qu'il fût question d'eux dans le reste de la Grèce.

quant au droit, pour définir l'homme civil ou royal qu'il cherche dans son livre *du Règne*. Mais s'il est vrai qu'un grand prince est un homme rare, que sera-ce d'un grand législateur ? Le premier n'a qu'à suivre le modèle que l'autre doit proposer. Celui-ci est le mécanicien qui invente la machine, celui-là n'est que l'ouvrier qui la monte et la fait marcher. Dans la naissance des sociétés, dit Montesquieu, ce sont les chefs des républiques qui font l'institution, et c'est ensuite l'institution qui forme les chefs des républiques.

Celui qui ose entreprendre d'instituer un peuple doit se sentir en état de changer, pour ainsi dire, la nature humaine; de transformer chaque individu, qui par lui-même est un tout parfait et solitaire, en partie d'un plus grand tout dont cet individu reçoive en quelque sorte sa vie et son être; d'altérer la constitution de l'homme pour la renforcer; de substituer une existence partielle et morale, à l'existence physique et indépendante que nous avons tous reçue de la nature. Il faut, en un mot, qu'il ôte à l'homme ses forces propres pour lui en donner qui lui soient étrangères, et dont il ne puisse faire usage sans le secours d'autrui. Plus ces forces naturelles sont mortes et anéanties, plus les acquises sont grandes et durables, plus aussi l'institution est solide et parfaite : ensorte que si chaque citoyen n'est rien, ne peut rien que par tous les autres, et que la force acquise par le tout soit égale ou supérieure à la somme des forces naturelles de tous les individus, on peut dire que la législation est au plus haut point de perfection qu'elle puisse atteindre.

Le législateur est à tous égards un homme extraordinaire dans l'état. S'il doit l'être par son génie, il ne l'est pas moins par son emploi. Ce n'est point magistrature, ce n'est point souveraineté. Cet emploi, qui constitue la république, n'entre point dans sa constitution; c'est une fonction particulière et supérieure qui n'a rien de commun avec l'empire humain : car si celui qui commande aux hommes ne doit pas commander aux lois, celui qui commande aux lois ne doit pas non plus commander aux hommes; autrement ses lois, ministres de ses passions, ne feraient souvent que perpétuer ses injustices, et jamais il ne pourrait éviter que des vues particulières n'altérassent la sainteté de son ouvrage.

Quand Lycurgue donna des lois à sa patrie, il commença par abdiquer la royauté. C'était la coutume de la plupart des villes grecques, de confier à des étrangers l'établissement des leurs. Les républiques modernes de l'Italie imitèrent souvent cet usage; celle de Genève en fit autant et s'en trouva bien[1]. Rome,

[1] Ceux qui ne considèrent Calvin que comme théologien, connaissent mal l'étendue de son génie. La rédaction de nos sages édits, à laquelle il eut beaucoup de part, lui fait autant d'honneur que son

dans son plus bel âge, vit renaître en son sein tous les crimes de la tyrannie, et se vit près de périr, pour avoir réuni sur les mêmes têtes l'autorité législative et le pouvoir souverain.

Cependant les décemvirs eux-mêmes ne s'arrogèrent jamais le droit de faire passer aucune loi de leur seule autorité. *Rien de ce que nous vous proposons*, disaient-ils au peuple, *ne peut passer en loi sans votre consentement. Romains, soyez vous-mêmes les auteurs des lois qui doivent faire votre bonheur.*

Celui qui rédige les lois n'a donc ou ne doit avoir aucun droit législatif, et le peuple même ne peut, quand il le voudrait, se dépouiller de ce droit incommunicable, parce que, selon le pacte fondamental, il n'y a que la vo-

institution. Quelque révolution que le temps puisse amener dans notre culte, tant que l'amour de la patrie et de la liberté ne sera pas éteint parmi nous, jamais la mémoire de ce grand homme ne cessera d'y être en bénédiction.

lonté générale qui oblige les particuliers, et qu'on ne peut jamais s'assurer qu'une volonté particulière est conforme à la volonté générale, qu'apres l'avoir soumise aux suffrages libres du peuple. J'ai déja dit cela, mais il n'est pas inutile de le répéter.

Ainsi l'on trouve à la fois dans l'ouvrage de la législation deux choses qui semblent incompatibles : une entreprise au dessus de la force humaine ; et pour l'exécuter, une autorité qui n'est rien.

Autre difficulté qui mérite attention. Les sages qui veulent parler au vulgaire leur langage au lieu du sien, n'en sauraient être entendus. Or, il y a mille sortes d'idées qu'il est impossible de traduire dans la langue du peuple. Les vues trop générales et les objets trop éloignés sont également hors de sa portée ; chaque individu ne goûtant d'autre plan de gouvernement que celui qui se rapporte à son intérêt particulier, aperçoit difficilement les avantages qu'il doit retirer des privations continuelles qu'imposent les bonnes lois. Pour qu'un peuple naissant pût goûter les saines maximes de la politique et suivre les règles fondamentales de la raison d'état, il faudrait que l'effet pût devenir la cause ; que l'esprit social qui doit être l'ouvrage de l'institution, présidât à l'institution même, et que les hommes fussent avant les lois ce qu'ils doivent devenir par elles. Ainsi donc le législateur ne pouvant employer ni la force ni le raisonnement, c'est une nécessité qu'il recoure à une autorité d'un autre ordre, qui puisse entraîner sans violence et persuader sans convaincre.

Voilà ce qui força de tout temps les pères des nations de recourir à l'intervention du ciel et d'honorer les dieux de leur propre sagesse, afin que les peuples, soumis aux lois de l'état comme à celles de la nature, et reconnaissant le même pouvoir dans la formation de l'homme et dans celle de la cité, obéissent avec liberté, et portassent docilement le joug de la félicité publique.

Cette raison sublime, qui s'élève au dessus de la portée des hommes vulgaires, est celle dont le législateur met les décisions dans la bouche des immortels, pour entraîner par l'autorité divine ceux que ne pourrait ébranler la prudence humaine [1]. Mais il n'appartient pas à tout homme de faire parler les dieux, ni d'en être cru quand il s'annonce pour être leur interprète. La grande ame du législateur est le vrai miracle qui doit prouver sa mission. Tout homme peut graver des tables de pierre, ou acheter un oracle, ou feindre un secret commerce avec quelque divinité, ou dresser un oi-

[1] *E veramente, dit Machiavel, mai non fù alcuno ordinatore di leggi straordinarie in un popolo, che non ricorresse à Dio, perche altrimenti non sarebbero accettate; perche sono molti beni conosciuti da uno prudente, i quali non hanno in se raggioni evidenti da potergli persuadere ad altrui. Discorsi sopra Tito Livio, l. j, c. 11.*

seau pour lui parler à l'oreille, ou trouver d'autres moyens grossiers d'en imposer au peuple : celui qui ne saura que cela pourra même assembler par hasard une troupe d'insensés, mais il ne fondera jamais un empire, et son extravagant ouvrage périra bientôt avec lui. De vains prestiges forment un lien passager : il n'y a que la sagesse qui le rende durable. La loi judaïque toujours subsistante, celle de l'enfant d'Ismaël qui depuis dix siècles régit la moitié du monde, annoncent encore aujourd'hui les grands hommes qui les ont dictées ; et tandis que l'orgueilleuse philosophie ou l'aveugle esprit de parti ne voit en eux que d'heureux imposteurs, le vrai politique admire dans leurs institutions ce grand et puissant génie qui préside aux établissements durables.

Il ne faut pas de tout ceci conclure, avec Warburton, que la politique et la religion aient parmi nous un objet commun, mais que dans l'origine des nations l'une sert d'instrument à l'autre.

CHAPITRE VIII.

Du Peuple.

COMME, avant d'élever un grand édifice, l'architecte observe et sonde le sol pour voir s'il en peut soutenir le poids, le sage instituteur ne commence pas par rédiger de bonnes lois en elles-mêmes, mais il examine auparavant si le peuple auquel il les destine est propre à les supporter. C'est pour cela que Platon refusa de donner des lois aux Arcadiens et aux Cyréniens, sachant que ces deux peuples étaient riches et ne pouvaient souffrir l'égalité : c'est pour cela qu'on vit en Crète de bonnes lois et de méchants hommes, parce que Minos n'avait discipliné qu'un peuple chargé de vices.

Mille nations ont brillé sur la terre qui n'auraient jamais pu souffrir de bonnes lois ; et celles mêmes qui l'auraient pu, n'ont eu dans toute leur durée qu'un temps fort court pour cela. La plupart des peuples ainsi que des hommes ne sont dociles que dans leur jeunesse; ils deviennent incorrigibles en vieillissant. Quand une fois les coutumes sont établies et les préjugés enracinés, c'est une entreprise dangereuse et vaine de vouloir les réformer : le peuple ne peut pas même souffrir qu'en touche à ses maux pour les détruire, semblable à ces malades stupides et sans courage qui frémissent à l'aspect du médecin.

Ce n'est pas que, comme quelques maladies bouleversent la tête des hommes et leur ôtent le souvenir du passé, il ne se trouve quelquefois dans la durée des états des époques violentes où les révolutions font sur les peuples ce que certaines crises font sur les individus, où l'horreur du passé tient lieu d'oubli, et où l'état, embrâsé par les guerres civiles, renaît pour ainsi dire de sa cendre, et reprend la vigueur de la jeunesse en sortant des bras de la mort. Telle fut

Sparte au temps de Lycurgue ; telle fut Rome après les Tarquins ; et telles ont été parmi nous la Hollande et la Suisse, après l'expulsion des tyrans.

Mais ces événemens sont rares ; ce sont des exceptions dont la raison se trouve toujours dans la constitution particulière de l'état excepté. Elles ne sauraient même avoir lieu deux fois pour le même peuple : car il peut se rendre libre tant qu'il n'est que barbare ; mais il ne le peut plus quand le ressort civil est usé. Alors les troubles peuvent le détruire sans que les révolutions puissent le rétablir ; et sitôt que ses fers sont brisés, il tombe épars et n'existe plus : il lui faut désormais un maître, et non pas un libérateur. Peuples libres, souvenez vous de cette maxime : on peut acquérir la liberté, mais on ne la recouvre jamais.

La jeunesse n'est pas l'enfance. Il est pour les nations comme pour les hommes un temps de jeunesse, ou si l'on

veut de maturité, qu'il faut attendre
avant de les soumettre à des lois ; mais
la maturité d'un peuple n'est pas toujours facile à connaître, et si on la prévient l'ouvrage est manqué. Tel peuple
est disciplinable en naissant, tel autre
ne l'est pas au bout de dix siècles. Les
Russes ne seront jamais vraiment policés, parce qu'ils l'ont été trop tôt. Pierre
avait le génie imitatif ; il n'avait pas le
vrai génie, celui qui crée et fait tout de
rien. Quelques-unes des choses qu'il fit
étaient bien, la plupart étaient dépla-
cées. Il a vu que son peuple était barbare, il n'a point vu qu'il n'était pas
mûr pour la police ; il l'a voulu civiliser
quand il ne fallait que l'aguerrir. Il a
d'abord voulu faire des Allemands, des
Anglais, quand il fallait commencer par
faire des Russes ; il a empêché ses sujets
de jamais devenir ce qu'ils pourraient
être, en leur persuadant qu'ils étaient ce
qu'ils ne sont pas. C'est ainsi qu'un pré-
cepteur français forme son élève pour

briller un moment dans son enfance, et puis n'être jamais rien. L'empire de Russie voudra subjuguer l'Europe, et sera subjugué lui-même : les Tartares, ses sujets ou ses voisins, deviendront ses maîtres et les notres. Cette révolution me paraît infaillible : tous les rois de l'Europe travaillent de concert à l'accélérer.

CHAPITRE IX.

Suite.

COMME la nature a donné des termes à la stature d'un homme bien conformé, passé lesquels elle ne fait plus que des géans ou des nains ; il y a de même, eu égard à la meilleure constitution d'un état, des bornes à l'étendue qu'il peut avoir, afin qu'il ne soit ni trop grand pour pouvoir être bien gouverné, ni trop petit pour pouvoir se maintenir par lui-même. Il y a dans tout corps politique un *maximum* de force qu'il ne saurait passer, et duquel souvent il s'éloigne à force de s'agrandir. Plus le lien social s'étend, plus il se relâche ; et, en général, un petit état est proportionnellement plus fort qu'un grand.

Mille raisons démentrent cette maxime. Premièrement, l'administration devient plus pénible dans les grandes distances, comme un poids devient plus lourd au bout d'un plus grand lévier. Elle devient aussi plus onéreuse à mesure que les degrés se multiplient : car chaque ville a d'abord la sienne, que le peuple paie ; chaque district la sienne, encore payée par le peuple ; ensuite chaque province ; puis les grands gouvernements, les satrapies, les vice-royautés, qu'il faut toujours payer plus cher à mesure qu'on monte, et toujours aux dépens du malheureux peuple ; enfin vient l'administration suprême qui écrase tout. Tant de surcharges épuisent continuellement les sujets : loin d'être mieux gouvernés par tous ces différents ordres, ils le sont moins bien que s'il n'y en avait qu'un seul au dessus d'eux. Cependant à peine

reste-t-il des ressources pour les cas extraordinaires ; et quand il y faut recourir, l'état est toujours à la veille de sa
ruine.

Ce n'est pas tout : non-seulement le
gouvernement a moins de vigueur et de
célérité pour faire observer les lois, empêcher les vexations, corriger les abus,
prévenir les entreprises séditieuses qui
peuvent se faire dans des lieux éloignés ;
mais le peuple a moins d'affection pour
ses chefs qu'il ne voit jamais, pour la
patrie qui est à ses yeux comme le monde, et pour ses concitoyens dont la plupart lui sont étrangers. Les mêmes lois
ne peuvent convenir à tant de provinces
diverses qui ont des mœurs différentes,
qui vivent sous des climats opposés, et
qui ne peuvent souffrir la même forme
de gouvernement. Des lois différentes
n'engendrent que trouble et confusion
parmi des peuples qui, vivant sous les
mêmes chefs et dans une communication
continuelle, passent ou se marient les

uns chez les autres, et, soumis à d'autres coutumes, ne savent jamais si leur patrimoine est bien à eux. Les talents sont enfouis, les vertus ignorées, les vices impunis, dans cette multitude d'hommes inconnus les uns aux autres, que le siège de l'administration suprême rassemble dans un même lieu. Les chefs accablés d'affaires ne voient rien par eux-mêmes; des commis gouvernent l'état. Enfin les mesures qu'il faut prendre pour maintenir l'autorité générale, à laquelle tant d'officiers éloignés veulent se soustraire ou en imposer, absorbe tous les soins publics; il n'en reste plus pour le bonheur du peuple; à peine en reste-t-il pour sa défense au besoin : et c'est ainsi qu'un corps trop grand pour sa constitution, s'affaisse et périt écrasé sous son propre poids.

D'un autre côté, l'état doit se donner une certaine base pour avoir de la solidité, pour résister aux secousses qu'il ne manquera pas d'éprouver, et aux efforts qu'il sera contraint de faire pour se soutenir : car tous les peuples ont une espèce de force centrifuge, par laquelle ils agissent continuellement les uns contre les autres, et tendent à s'agrandir aux dépens de leurs voisins, comme les tourbillons de Descartes. Ainsi les faibles risquent d'être bientôt engloutis, et nul ne peut guère se conserver qu'en se mettant avec tous dans une espèce d'équilibre qui rende la compression partout à peu près égale.

On voit par-là qu'il y a des raisons de s'étendre et des raisons de se resserrer ; et ce n'est pas le moindre talent du politique, de trouver, entre les unes et les autres, la proportion la plus avantageuse à la conservation de l'état. On peut dire en général, que les premières n'étant qu'extérieures et relatives, doivent être subordonnées aux autres qui sont internes et absolues : une saine et forte constitution est la première chose qu'il faut rechercher ; et l'on doit plus compter sur la vigueur qui naît d'un bon gouvernement, que sur les ressources que fournit un grand territoire.

Au reste, on a vu des états tellement constitués, que la nécessité des conquêtes entrait dans leur constitution même, et que pour se maintenir ils étaient forcés de s'agrandir sans cesse. Peut-être se félicitaient-ils beaucoup de cette heureuse nécessité, qui leur montrait pourtant, avec le terme de leur grandeur, l'inévitable moment de leur chute.

CHAPITRE X.

Suite.

On peut mesurer un corps politique de deux manières, savoir, par l'étendue du territoire, et par le nombre du peuple; et il y a, entre l'une et l'autre de ces mesures, un rapport convenable pour donner à l'état sa véritable grandeur. Ce sont les hommes qui font l'état, et c'est le terrain qui nourrit les hommes :

ce rapport est donc que la terre suffise à l'entretien de ses habitans, et qu'il y ait autant d'habitants que la terre en peut nourrir. C'est dans cette proportion que se trouve le *maximum* de force d'un nombre donné de peuple : car, s'il y a du terrain de trop, la garde en est oné- reuse, la culture insuffisante, le produit superflu ; c'est la cause prochaine des guerres défensives : s'il n'y en a pas assez, l'état se trouve, pour le supplément, à la discrétion de ses voisins ; c'est la cause prochaine des guerres offensives. Tout peuple qui n'a, par sa position, que l'alternative entre le commerce ou la guerre, est faible en lui-même ; il dé- pend de ses voisins, il dépend des évé- nements ; il n'a jamais qu'une existence incertaine et courte. Il subjugue et change de situation, ou il est subjugué et n'est rien. Il ne peut se conserver libre qu'à force de petitesse ou de gran- deur.

On ne peut donner en calcul un rapport fixe entre l'étendue de terre et le nombre d'hommes qui se suffisent l'un à l'autre, tant à cause des différences qui se trouvent dans les qualités du terrain, dans ses degrés de fertilité, dans la nature de ses productions, dans l'influence des climats, que de celles qu'on remarque dans les tempéraments des hommes qui les habitent, dont les uns consomment peu dans un pays fertile, les autres beaucoup sur un sol ingrat. Il faut encore avoir égard à la plus grande ou moindre fécondité des femmes, à ce que le pays peut avoir de plus ou moins favorable à la population, à la quantité dont le législateur peut espérer d'y concourir par ses établissements; de sorte qu'il ne doit pas fonder son jugement sur ce qu'il voit, mais sur ce qu'il prévoit, ni s'arrêter autant à l'état actuel de la population, qu'à celui où elle doit naturellement parvenir. Enfin, il y a mille occasions où les accidents particuliers du lieu exigent ou permettent qu'on embrasse plus de terrain qu'il ne parait nécessaire. Ainsi, l'on s'étendra beaucoup dans un pays de montagnes, où les productions naturelles, savoir, les bois, les pâturages, demandent moins de travail, où l'expérience apprend que les femmes sont plus fécondes que dans les plaines, et où un grand sol incliné ne donne qu'une petite base horizontale, la seule qu'il faut compter pour la végétation. Au contraire, on peut se resserrer au bord de la mer, même dans des rochers et des sables presque stériles, parce que la pêche y peut suppléer en grande partie aux productions de la terre, que les hommes doivent être plus rassemblés pour repousser les pirates, et qu'on a d'ailleurs plus de facilité pour délivrer le pays, par les colonies, des habitants dont il est surchargé.

A ces conditions pour instituer un peuple, il en faut ajouter une qui ne peut suppléer à nulle autre, mais sans laquelle elles sont toutes inutiles ; c'est qu'on jouisse de l'abondance et de la paix : car le temps où s'ordonne un état est, comme celui où se forme un bataillon, l'instant où le corps est le moins capable de résistance, et le plus facile à détruire. On résisterait mieux dans un désordre absolu, que dans un moment de fermentation où chacun s'occupe de son rang et non du péril. Qu'une guerre, une famine, une sédition survienne en ce temps de crise, l'état est infailliblement renversé.

Ce n'est pas qu'il n'y ait beaucoup de gouvernements établis durant ces orages ; mais alors ce sont ces gouvernements même qui détruisent l'état. Les usurpateurs amènent ou choisissent toujours ces temps de troubles pour faire passer, à la faveur de l'effroi public, des lois destructives que le peuple n'adopterait jamais de sang-froid. Le choix du moment de l'institution est un des caractères les plus sûrs par lesquels on peut distinguer l'œuvre du législateur d'avec celle du tyran.

Quel peuple est donc propre à la législation ? Celui qui, se trouvant déja lié par quelque union d'origine, d'intérêt ou de convention, n'a point encore porté le vrai joug des lois ; celui qui n'a ni coutumes, ni superstitions bien enracinées ; celui qui ne craint pas d'être accablé par une invasion subite, et qui, sans entrer dans les querelles de ses voisins, peut résister seul à chacun d'eux, ou s'aider de l'un pour repousser l'autre ; celui dont chaque membre peut être connu de tous, et où l'on n'est point forcé de charger un homme d'un plus grand fardeau qu'un homme ne peut porter ; celui qui peut se passer des autres peuples, et dont tout autre peuple peut se passer [1] ; celui qui n'est ni riche

[1] Si de deux peuples voisins l'un ne pouvait se passer de l'autre, ce serait une situation très-dure pour le premier, et très-dangereuse pour le second. Toute nation sage, en pareil cas, s'effor-

ni pauvre, et peut se suffire à lui-même ;
enfin celui qui réunit la consistance d'un
ancien peuple avec la docilité d'un peuple nouveau. Ce qui rend pénible l'ouvrage de la législation, est moins ce
qu'il faut établir que ce qu'il faut détruire ; et ce qui rend le succès si rare,
c'est l'impossibilité de trouver la simplicité de la nature jointe aux besoins de
la société. Toutes ces conditions, il est
vrai, se trouvent difficilement rassem-
blées : aussi voit-on peu d'états bien
constitués.

Il est encore en Europe un pays capable de législation : c'est l'île de Corse.
La valeur et la constance avec laquelle

cera bien vîte de délivrer l'autre de cette dépendance. La république de Thlascala, enclavée dans
l'empire du Mexique, aima mieux se passer de sel
que d'en acheter des Mexicains, et même que d'en
accepter gratuitement. Les sages Thlascalans vi-
rent le piège caché sous cette libéralité. Ils se con-
servèrent libres ; et ce petit état, enfermé dans ce
grand empire, fut enfin l'instrument de sa ruine.

ce brave peuple a su recouvrer et défendre sa liberté, mériterait bien que quelque homme sage lui apprît à la conserver. J'ai quelque pressentiment qu'un jour cette petite île étonnera l'Europe.

CHAPITRE XI.

Des divers Systèmes de Législation.

Si l'on recherche en quoi consiste précisément le plus grand bien de tous, qui doit être la fin de tout système de législation, on trouvera qu'il se réduit à ces deux objets principaux, la *liberté* et *l'égalité*. La liberté, parce que toute dépendance particulière est autant de force ôtée au corps de l'état ; l'égalité, parce que la liberté ne peut subsister sans elle.

J'ai déja dit ce que c'est que la liberté civile : à l'égard de l'égalité, il ne faut pas entendre par ce mot, que les degrés de puissance et de richesse soient absolument les mêmes ; mais que quant à la puissance, elle soit au dessous de toute violence, et ne s'exerce jamais qu'en vertu du rang et des lois; et quant à la richesse, que nul citoyen ne soit assez opulent pour en pouvoir acheter un autre, et nul assez pauvre pour être contraint de se vendre[1] : ce qui suppose du côté des grands, modération de biens et de crédit; et du côté des petits, modération d'avarice et de convoitise.

Cette égalité, disent-ils, est une chimère de spéculation qui ne peut exister dans la pratique. Mais si l'abus est inévitable, s'ensuit-il qu'il ne faille pas au moins le régler? C'est précisément parce que la force des choses tend toujours à

[1] Voulez-vous donc donner à l'état de la consistance ? rapprochez les degrés extrêmes autant qu'il est possible; ne souffrez ni des gens opulents ni des gueux. Ces deux états, naturellement inséparables sont également funestes au bien commun; de l'un sortent les fauteurs de la tyrannie, et de l'autre les tyrans : c'est toujours entre eux que se fait le trafic de la liberté publique; l'un l'achète, et l'autre la vend.

détruire l'égalité, que la force de la législation doit toujours tendre à la maintenir.

Mais ces objets généraux de toute bonne institution doivent être modifiés en chaque pays, par les rapports qui naissent tant de la situation locale, que du caractère des habitants; et c'est sur ces rapports qu'il faut assigner à chaque peuple un systéme particulier d'institution qui soit le meilleur, non peut-être en lui-même, mais pour l'état auquel il est destiné. Par exemple, le sol est-il ingrat et stérile, ou le pays trop serré pour les habitans? tournez-vous du côté de l'industrie et des arts, dont vous échangerez les productions contre les demrées qui vous manquent. Au contraire, occupez-vous de riches plaines et des côteaux fertiles? dans un bon terrain manquez-vous d'habitants? donnez tous vos soins à l'agriculture qui multiplie les hommes, et chassez les arts qui ne feraient qu'achever de dé-

peupler le pays, en attroupant sur quelques points du territoire le peu d'habitants qu'il a [1]. Occupez-vous des rivages
étendus et commodes ? couvrez la mer
de vaisseaux, cultivez le commerce et
la navigation; vous aurez une existence
brillante et courte. La mer ne baigne-t-
elle sur vos côtes que des rochers presque inaccessibles ? restez barbares et
ichthyophages; vous en vivrez plus tranquilles, meilleurs peut-être, et sûrement plus heureux. En un mot, outre
les maximes communes à tous, chaque
peuple renferme en lui quelque cause qui
les ordonne d'une manière particulière,
et rend sa législation propre à lui seul.
C'est ainsi qu'autrefois les Hébreux, et
récemment les Arabes, ont eu pour prin-

---

[1] Quelque branche de commerce extérieur, dit
le marquis d'Argenson, ne répand guère qu'une
fausse utilité pour un royaume en général : elle
peut enrichir quelques particuliers, même quelques villes; mais la nation entière n'y gagne rien,
et le peuple n'en est pas mieux.

cipal objet la religion ; les Athéniens, les lettres ; Carthage et Tyr, le commerce ; Rhodes, la marine ; Sparte, la guerre ; et Rome, la vertu. L'auteur de *l'Esprit des Lois* à montré, dans des foules d'exemples, par quel art le législateur dirige l'institution vers chacun de ces objets.

Ce qui rend la constitution d'un état véritablement solide et durable, c'est quand les convenances sont tellement observées, que les rapports naturels et les lois tombent toujours de concert sur les mêmes points, et que celles-ci ne font, pour ainsi dire, qu'assurer, accompagner, rectifier les autres. Mais si le législateur, se trompant dans son objet, prend un principe différent de celui qui nait de la nature des choses ; que l'un tende à la servitude, et l'autre à la liberté ; l'un aux richesses, l'autre à la population ; l'un à la paix, l'autre aux conquêtes, on verra les lois s'affaiblir insensiblement, la constitution s'altérer, et l'état ne cessera d'être agité jusqu'à ce qu'il soit détruit ou changé, et que l'invincible nature ait repris son empire.

CHAPITRE XII.

Divisions des Lois.

POUR ordonner le tout, ou donner la meilleure forme possible à la chose publique, il y a diverses relations à considérer. Premièrement, l'action du corps entier agissant sur lui-même, c'est-à-dire, le rapport du tout au tout, ou du souverain à l'état; et ce rapport est composé de celui des termes intermédiaires, comme nous le verrons ci-après.

Les lois qui reglent ce rapport portent le nom de lois politiques, et s'appellent aussi lois fondamentales, non sans quelque raison, si ces lois sont sages : car, s'il n'y a dans chaque état qu'une bonne manière de l'ordonner, le peuple qui l'a trouvée doit s'y tenir;

mais si l'ordre établi est mauvais, pourquoi prendrait-on pour fondamentales
des lois qui l'empêchent d'être bon ?
D'ailleurs, en tout état de cause, un
peuple est toujours le maître de changer ses lois, même les meilleures : car
s'il lui plaît de se faire mal à lui-même,
qui est-ce qui a droit de l'en empêcher ?

La seconde relation est celle des membres entre eux ou avec le corps entier :
et ce rapport doit être au premier égard
aussi petit, et au second aussi grand
qu'il est possible, ensorte que chaque
citoyen soit dans une parfaite indépendance de tous les autres, et dans une
excessive dépendance de la cité, ce qui
se fait toujours par les mêmes moyens ;
car il n'y a que la force de l'état qui
fasse la liberté de ses membres. C'est
de ce deuxième rapport que naissent les
lois civiles.

On peut considérer une troisième
sorte de relation entre l'homme et la
loi ; savoir, celle de la désobéissance à

la peine; et celle-ci donne lieu à l'établissement des lois criminelles, qui dans
le fond sont moins une espèce particulière de lois, que la sanction de toutes
les autres.

A ces trois sortes de lois il s'en joint
une quatrième, la plus importante de
toutes, qui ne se grave ni sur le marbre
ni sur l'airain, mais dans les cœurs des
citoyens; qui fait la véritable constitution de l'état; qui prend tous les jours
de nouvelles forces; qui, lorsque les
autres lois vieillissent ou s'éteignent,
les ranime ou les supplée, conserve un
peuple dans l'esprit de son institution,
et substitue insensiblement la force de
l'habitude à celle de l'autorité : je parle
des mœurs, des coutumes, et surtout
de l'opinion, partie inconnue à nos politiques, mais de laquelle dépend le succès de toutes les autres; partie dont le
grand législateur s'occupe en secret,
tandis qu'il paraît se borner à des rè-
glements particuliers, qui ne sont que

le ceintre de la voûte, dont les mœurs, plus lentes à naître, forment enfin l'inébranlable clef.

Entre ces diverses classes, les lois politiques qui constituent la forme du gouvernement, sont la seule relative à mon sujet.

FIN DU LIVRE SECOND.

D U
CONTRAT SOCIAL.

LIVRE TROISIÈME.

AVANT de parler des diverses formes de gouvernement, tâchons de fixer le sens précis de ce mot, qui n'a pas encore été fort bien expliqué.

CHAPITRE PREMIER.

Du Gouvernement en général.

J'AVERTIS le lecteur que ce chapitre doit être lu posément, et que je ne sais pas l'art d'être clair pour qui ne veut pas être attentif.

Toute action libre a deux causes qui concourent à la produire; l'une morale, savoir, la volonté qui détermine l'acte; l'autre physique, savoir, la puissance qui l'exécute. Quand je marche vers un objet, il faut premièrement que j'y veuille aller; en second lieu, que mes pieds m'y portent. Qu'un paralytique veuille courir, qu'un homme agile ne le veuille pas, tous deux resteront en place. Le corps politique a les mêmes mobiles : on y distingue de même la force et la volonté, celle-ci sous le nom de *puissance législative*, l'autre sous le nom de *puissance exécutive* : rien ne s'y fait ou ne s'y doit faire sans leur concours.

Nous avons vu que la puissance législative appartient au peuple, et ne peut appartenir qu'à lui. Il est aisé de voir au contraire, par les principes ci-devant établis, que la puissance exécutive ne peut appartenir à la généralité, comme législatrice ou souveraine, parce que cette puissance ne consiste qu'en des actes particuliers qui ne sont point du ressort de la loi, ni par conséquent de celui du souverain, dont tous les actes ne peuvent être que des lois.

Il faut donc à la force publique un agent propre qui la réunisse, et la mette en œuvre selon les directions de la volonté générale ; qui serve à la communication de l'état et du souverain ; qui fasse en quelque sorte dans la personne publique, ce que fait dans l'homme l'union de l'ame et du corps. Voilà quelle est dans l'état la raison du gouvernement, confondu mal-à-propos avec le souverain, dont il n'est que le ministre.

Qu'est-ce donc que le gouvernement ? Un corps intermédiaire établi entre les sujets et le souverain pour leur mutuelle correspondance, chargé de l'exécution des lois et du maintien de la liberté tant civile que politique.

Les membres de ce corps s'appellent magistrats ou *rois*, c'est-à-dire, *gouverneurs*; et le corps entier porte le nom de *prince* [1]. Ainsi ceux qui prétendent

[1] C'est ainsi qu'à Venise on donne au collège le nom de *sérénissime prince*, même quand le doge n'y assiste pas.

que l'acte par lequel un peuple se soumet à des chefs n'est point un contrat, ont grande raison : ce n'est absolument qu'une commission, un emploi dans lequel, simples officiers du souverain, ils exercent en son nom le pouvoir dont il les a faits dépositaires, et qu'il peut limiter, modifier et reprendre quand il lui plaît, l'aliénation d'un tel droit étant incompatible avec la nature du corps social, et contraire au but de l'association.

J'appelle donc *gouvernement* ou suprême administration, l'exercice légitime de la puissance exécutive ; et prince ou magistrat, l'homme ou le corps chargé de cette administration.

C'est dans le gouvernement que se trouvent les forces intermédiaires dont les rapports composent celui du tout au tout, ou du souverain à l'état. On peut représenter ce dernier rapport par celui des extrêmes d'une proportion continue, dont la moyenne proportionnelle est le gouvernement. Le gouvernement reçoit du souverain les ordres qu'il donne au peuple ; et pour que l'état soit dans un bon équilibre, il faut, tout compensé, qu'il y ait égalité entre le produit ou la puissance du gouvernement pris en lui-même, et le produit ou la puissance des citoyens, qui sont souverains d'un côté et sujets de l'autre.

De plus, on ne saurait altérer aucun des trois termes sans rompre à l'instant la proportion. Si le souverain veut gouverner, ou si le magistrat veut donner des lois, ou si les sujets refusent d'obéir, le désordre succède à la règle, la force et la volonté n'agissent plus de concert, et l'état dissous tombe ainsi dans le despotisme ou dans l'anarchie. Enfin, comme il n'y a qu'une moyenne proportionnelle entre chaque rapport, il n'y a non plus qu'un bon gouvernement possible dans un état : mais, comme mille événements peuvent changer les rapports d'un peuple, non-seulement différents gouvernements peuvent être bons à divers peuples, mais au même peuple en différents temps.

Pour tâcher de donner une idée des divers rapports qui peuvent régner entre ces deux extrêmes, je prendrai pour exemple le nombre du peuple, comme un rapport plus facile à exprimer.

Supposons que l'état soit composé de dix mille citoyens. Le souverain ne peut être considéré que collectivement et en corps; mais chaque particulier, en qualité de sujet, est considéré comme individu : ainsi le souverain est au sujet comme dix mille est à un, c'est-à-dire, que chaque membre de l'état n'a pour sa part que la dix-millième partie de l'autorité souveraine, quoiqu'il lui soit soumis tout entier. Que le peuple soit composé de cent mille hommes, l'état des sujets ne change pas, et chacun porte également tout l'empire des lois, tandis que son suffrage, réduit à un cent-millième, a dix fois moins d'influence dans leur rédaction. Alors le sujet restant toujours un, le rapport du souverain augmente en raison du nombre des citoyens : d'où il suit que plus l'état s'agrandit, plus la liberté diminue.

Quand je dis que le rapport augmente, j'entends qu'il s'éloigne de l'égalité : ainsi, plus le rapport est grand dans l'acception des géomètres, moins il y a de rapport dans l'acception commune; dans la première, le rapport, considéré selon la quantité, se mesure par l'exposant; et dans l'autre, considéré selon l'identité, il s'estime par la similitude.

Or, moins les volontés particulières se rapportent à la volonté générale, c'est-à-dire, les mœurs aux lois, plus la force réprimante doit augmenter. Donc le gouvernement, pour être bon doit être relativement plus fort à mesure que le peuple est plus nombreux.

D'un autre côté, l'agrandissement de

l'état donnant aux dépositaires de l'autorité publique plus de tentations et de moyens d'abuser de leur pouvoir, plus le gouvernement doit avoir de force pour contenir le peuple, plus le souverain doit en avoir à son tour pour contenir le gouvernement. Je ne parle pas ici d'une force absolue, mais de la force relative des diverses parties de l'état.

Il suit de ce double rapport, que la proportion continue entre le souverain, le prince et le peuple, n'est point une idée arbitraire, mais une conséquence nécessaire de la nature du corps politique. Il suit encore que l'un des extrêmes, savoir, le peuple comme sujet, étant fixe et représenté par l'unité, toutes les fois que la raison doublée augmente ou diminue, la raison simple augmente ou diminue semblablement, et que par conséquent le moyen terme est changé; ce qui fait voir qu'il n'y a pas une constitution de gouvernement unique et absolue, mais qu'il peut y avoir autant

de gouvernements différents en nature
que d'états différents en grandeur.

Si, tournant ce système en ridicule,
on disait que, pour trouver cette moyenne proportionnelle et former le corps
du gouvernement, il ne faut, selon moi,
que tirer la racine quarrée du nombre
du peuple, je répondrais que je ne prends
ici ce nombre que pour un exemple ;
que les rapports dont je parle ne se me-
surent pas seulement par le nombre des
hommes, mais en général par la quantité d'action, laquelle se combine par
des multitudes de causes; qu'au reste
si, pour m'exprimer en moins de paroles,
j'emprunte un moment des termes de
géométrie, je n'ignore pas cependant
que la précision geométrique n'a point
lieu dans les quantités morales.

Le gouvernement est en petit ce que
le corps politique qui le renferme est
en grand : c'est une personne morale,
douée de certaines facultés, active comme le souverain, passive comme l'état,

et qu'on peut décomposer en d'autres rapports semblables; d'où naît par conséquent une nouvelle proportion, une autre encore dans celle-ci selon l'ordre des tribunaux, jusqu'à ce qu'on arrive à un moyen terme indivisible, c'est-à-dire, à un seul chef ou magistrat suprême qu'on peut se représenter au milieu de cette progression, comme l'unité entre la série des fractions et celle des nombres.

Sans nous embarrasser dans cette multiplication de termes, contentons-nous de considérer le gouvernement comme un nouveau corps dans l'état, distinct du peuple et du souverain, et intermédiaire entre l'un et l'autre.

Il y a cette différence essentielle entre ces deux corps, que l'état existe par lui-même, et que le gouvernement n'existe que par le souverain : ainsi la volonté dominante du prince n'est ou ne doit être que la volonté générale ou la loi; sa force n'est que la force publique concentrée en lui : sitôt qu'il veut tirer de lui-même quelque acte absolu et indépendant, la liaison du tout commence à se relâcher. S'il arrivait enfin que le prince eût une volonté particulière plus active que celle du souverain, et qu'il usât, pour obéir à cette volonté particulière, de la force publique qui est dans ses mains, ensorte qu'on eût pour ainsi dire deux souverains, l'un de droit et l'autre de fait, à l'instant l'union sociale s'évanouirait, et le corps politique serait dissout.

Cependant pour que le corps du gouvernement ait une existence, une vie réelle qui le distingue du corps de l'état ; pour que tous ses membres puissent agir de concert et répondre à la fin pour laquelle il est institué, il lui faut un *moi* particulier, une sensibilité commune à ses membres, une force, une volonté propre qui tende à sa conservation. Cette existence particulière suppose des assemblées, des conseils, un pouvoir de délibérer, de résoudre ; des droits, des titres, des privilèges qui appartiennent au prince exclusivement, et qui rendent la condition du magistrat plus honorable, à proportion qu'elle est plus pénible. Les difficultés sont dans le manière d'ordonner dans le tout ce tout subalterne, de sorte qu'il n'altère point la constitution générale en affermissant la sienne ; qu'il distingue toujours sa force particulière destinée à sa propre conservation, de la force publique destinée à la conservation de l'état ; et qu'en un mot il soit toujours prêt à sacrifier le gouvernement au peuple, et non le peuple au gouvernement.

D'ailleurs, bien que le corps artificiel du gouvernement soit l'ouvrage d'un autre corps artificiel, et qu'il n'ait en quelque sorte qu'une vie empruntée et subordonnée, cela n'empêche pas qu'il ne puisse agir avec plus ou moins de vigueur ou de célérité, jouir, pour ainsi dire, d'une santé plus ou moins robuste. Enfin, sans s'éloigner directement du but de son institution, il peut s'en écarter plus ou moins, selon la manière dont il est constitué.

C'est de toutes ces différences que naissent les rapports divers que le gouvernement doit avoir avec le corps de l'état, selon les rapports accidentels et particuliers par lesquels ce même état est modifié : car souvent le gouvernement le meilleur en soi deviendra le plus vicieux, si ses rapports ne sont altérés selon les défauts du corps politique auquel il appartient.

CHAPITRE II.

Du principe qui constitue les diverses formes de Gouvernement.

Pour exposer la cause générale de ces différences, il faut distinguer ici le principe et le gouvernement, comme j'ai distingué ci-devant l'état et le souverain.

Le corps du magistrat peut être composé d'un plus grand ou moindre nombre de membres. Nous avons dit que le rapport du souverain aux sujets était d'autant plus grand que le peuple était plus nombreux ; et par une évidente analogie, nous en pouvons dire autant du gouvernement à l'égard des magistrats.

Or, la force totale du gouvernement étant toujours celle de l'état, ne varie point : d'où il suit que plus il use de cette force sur ses propres membres, moins il lui en reste pour agir sur tout le peuple.

Donc, plus les magistrats sont nombreux, plus le gouvernement est faible. Comme cette maxime est fondamentale, appliquons-nous à la mieux éclaircir.

Nous pouvons distinguer dans la personne du magistrat trois volontés essentiellement différentes : premièrement, la volonté propre de l'individu, qui ne tend qu'à son avantage particulier ; secondement, la volonté commune des magistrats, qui se rapporte uniquement à l'avantage du prince, et qu'on peut appeler volonté de corps, laquelle est générale par rapport au gouvernement, et particulière par rapport à l'état dont le gouvernement fait partie; en troisieme lieu, la volonté du peuple ou la volonté souveraine, laquelle est générale, tant par rapport à l'état considéré comme le tout, que par rapport au gouvernement considéré comme partie du tout.

Dans une législation parfaite, la volonté particulière ou individuelle doit être nulle, la volonté de corps propre au gouvernement très-subordonnée, et par conséquent la volonté générale ou souveraine toujours dominante et la règle unique de toutes les autres.

Selon l'ordre naturel, au contraire, ces différentes volontés deviennent plus actives à mesure qu'elles se concentrent: ainsi la volonté générale est toujours la plus faible, la volonté de corps a le second rang, et la volonté particulière le premier de tous : de sorte que dans le gouvernement chaque membre est premierement soi-même, et puis magistrat, et puis citoyen, gradation directement opposée à celle qu'exige l'ordre social.

Cela posé, que tout le gouvernement soit entre les mains d'un seul homme, voilà la volonté particulière et la volonté de corps parfaitement réunies, et par conséquent celle ci au plus haut degré d'intensité qu'elle puisse avoir. Or, comme c'est du degré de la volonté que dépend l'usage de la force, et que la force absolue du gouvernement ne varie point, il s'ensuit que le plus actif des gouvernemens est celui d'un seul.

Au contraire, unissons le gouvernement à l'autorité législative; faisons le prince du souverain, et de tous les citoyens autant de magistrats, alors la volonté de corps, confondue avec la volonté générale, n'aura pas plus d'activité qu'elle, et laissera la volonté particuliere dans toute sa force : ainsi le gouvernement, toujours avec la même force absolue, sera dans son *minimum* de force relative ou d'activité.

Ces rapports sont incontestables, et d'autres considérations servent encore à les confirmer. On voit, par exemple, que chaque magistrat est plus actif dans son corps que chaque citoyen dans le sien, et que par conséquent la volonté particulière a beaucoup plus d'influence dans les actes du gouvernement que dans ceux du souverain ; car chaque magistrat est presque toujours chargé de quelque fonction du gouvernement, au lieu que chaque citoyen pris à part n'a aucune fonction de la souveraineté. D'ailleurs, plus l'état s'étend, plus sa force réelle augmente, quoiqu'elle n'augmente pas en raison de son étendue ; mais l'état restant le même, les magistrats ont beau se multiplier, le gouvernement n'en acquiert pas une plus grande force réelle, parce que cette force est celle de l'état, dont la mesure est toujours égale : ainsi la force relative ou l'activité du gouvernement diminue, sans que sa force absolue ou réelle puisse augmenter.

Il est sûr encore que l'expédition des affaires devient plus lente à mesure que plus de gens en sont chargés ; qu'en donnant trop à la prudence on ne donne pas assez à la fortune ; qu'on laisse échapper l'occasion, et qu'à force de délibérer on perd souvent le fruit de la délibération.

Je viens de prouver que le gouvernement se relâche à mesure que les magistrats se multiplient, et j'ai prouvé ci-devant que plus le peuple est nombreux, plus la force réprimante doit augmenter : d'où il suit que le rapport des magistrats au gouvernement doit être inverse du rapport des sujets au souverain, c'est-à-dire, que plus l'état s'agrandit, plus le gouvernement doit se resserrer, tellement que le nombre des chefs diminue en raison de l'augmentation du peuple.

Au reste, je ne parle ici que de la force relative du gouvernement, et non de sa rectitude : car au contraire, plus le magistrat est nombreux, plus la volonté de corps se rapproche de la volonté générale ; au lieu que sous un magistrat unique cette même volonté de corps n'est, comme je l'ai dit, qu'une volonté particulière. Ainsi l'on perd d'un côté ce qu'on peut gagner de l'autre ; et l'art du législateur est de savoir fixer le point où la force et la volonté du gouvernement, toujours en proportion réciproque, se combinent dans le rapport le plus avantageux à l'état.

CHAPITRE III.

Division des Gouvernements.

On a vu dans le chapitre précédent, pourquoi l'on distingue les diverses espèces ou formes de gouvernements par le nombre des membres qui les composent : il reste à voir dans celui-ci comment se fait cette division.

Le souverain peut, en premier lieu, commettre le dépôt du gouvernement à tout le peuple ou à la plus grande partie du peuple, ensorte qu'il y ait plus de citoyens magistrats que de citoyens simples particuliers. On donne à cette forme de gouvernement le nom de *démocratie*.

Ou bien il peut resserrer le gouvernement entre les mains d'un petit nombre, ensorte qu'il y ait plus de simples citoyens que de magistrats; et cette forme porte le nom *d'aristocratie*.

Enfin il peut concentrer tout le gouvernement dans les mains d'un magistrat unique, dont tous les autres tiennent leur pouvoir. Cette troisieme forme est la plus commune, et s'appelle *monarchie* ou gouvernement royal.

On doit remarquer que toutes ces formes, ou du moins les deux premières, sont susceptibles de plus ou de moins, et ont même une assez grande latitude: car la démocratie peut embrasser tout le peuple, ou se resserrer jusqu'à la moitié ; l'aristocratie, à son tour, peut de la moitié du peuple se resserrer jusqu'au plus petit nombre indéterminément. La royauté même est susceptible de quelque partage : Sparte eut constamment deux rois par sa constitution, et l'on a vu dans l'Empire romain jusqu'à huit empereurs à la fois, sans qu'on pût dire que l'empire fût divisé. Ainsi il y a un point où chaque forme de gouvernement se confond avec la suivante ; et l'on voit que, sous trois seules dénominations, le gouvernement est réellement susceptible d'autant de formes diverses que l'état a de citoyens.

Il y a plus : ce même gouvernement pouvant à certains égards se subdiviser en d'autres parties, l'une administrée d'une manière et l'autre d'une autre, il peut résulter de ces trois formes combinées une multitude de formes mixtes, dont chacune est multipliable par toutes les formes simples.

On a de tout temps beaucoup disputé

sur la meilleure forme de gouvernement, sans considérer que chacune d'elles est la meilleure en certains cas, et la pire en d'autres.

Si dans les différents états le nombre des magistrats suprêmes doit être en raison inverse de celui des citoyens, il s'ensuit qu'en général le gouvernement démocratique convient aux petits états, l'aristocratie aux médiocres, et le monarchique aux grands. Cette règle se tire immédiatement du principe; mais comment compter la multitude de circonstances qui peuvent fournir des exceptions?

CHAPITRE IV.

De la Démocratie.

CELUI qui fait la loi sait mieux que personne comment elle doit être exécutée et interprétée. Il semble donc qu'on ne saurait avoir une meilleure constitution que celle où le pouvoir exécutif est joint au législatif: mais c'est

cela même qui rend ce gouvernement
insuffisant à certains égards, parce que
les choses qui doivent être distinguées
ne le sont pas, et que le prince et le souverain n'étant que la même personne, ne
forment, pour ainsi dire, qu'un gouvernement sans gouvernement.

Il n'est pas bon que celui qui fait les
lois les exécute, ni que le corps du peuple détourne son attention des vues générales, pour les donner aux objets particuliers. Rien n'est plus dangereux que
l'influence des intérêts privés dans les
affaires publiques; et l'abus des lois par
le gouvernement est un mal moindre
que la corruption du législateur, suite
infaillible des vues particulières. Alors
l'état étant altéré dans sa substance,
toute réforme devient impossible. Un
peuple qui n'abuserait jamais du gouvernement, n'abuserait pas non plus
de l'indépendance; un peuple qui gouvernerait toujours bien, n'aurait pas
besoin d'être gouverné.

A prendre le terme dans la rigueur de l'acception, il n'a jamais existé de véritable démocratie, et il n'en existera jamais. Il est contre l'ordre naturel que le grand nombre gouverne, et que le petit soit gouverné. On ne peut imaginer que le peuple reste incessamment assemblé pour vaquer aux affaires publiques, et l'on voit aisément qu'il ne sauroit établir pour cela des commissions sans que la forme de l'administration change.

En effet, je crois pouvoir poser en principes que quand les fonctions du gouvernement sont partagées entre plusieurs tribunaux, les moins nombreux acquièrent tôt ou tard la plus grande autorité, ne fût-ce qu'à cause de la facilité d'expédier les affaires, qui les y amène naturellement.

D'ailleurs, que de choses difficiles à réunir ne suppose pas ce gouvernement? Premièrement, un état très-petit où le peuple soit facile à rassembler, et où chaque citoyen puisse aisément connaître tous les autres ; secondement, une grande simplicité de mœurs, qui prévienne la multitude d'affaires et les discussions épineuses ; ensuite beaucoup d'égalité dans les rangs et dans les fortunes, sans quoi l'égalité ne saurait subsister longtemps dans les droits et l'autorité : enfin, peu ou point de luxe ; car, ou le luxe est l'effet des richesses, ou il les rend nécessaires ; il corrompt à la fois le riche et le pauvre, l'un par la possession, l'autre par la convoitise ; il vend la patrie à la mollesse, a la vanité ; il ôte à l'état tous ses citoyens pour les asservir les uns aux autres, et tous à l'opinion.

Voilà pourquoi un auteur célèbre a donné la vertu pour principe à la république ; car toutes ces conditions ne sauraient subsister sans la vertu : mais, faute d'avoir fait les distinctions nécessaires, ce beau génie a manqué souvent de justesse, quelquefois de clarté, et n'a pas vu que l'autorité souveraine étant partout la même, le même principe doit avoir lieu dans tout état bien constitué, plus ou moins, il est vrai, selon la forme du gouvernement.

Ajoutons qu'il n'y a pas de gouvernement si sujet aux guerres civiles et aux agitations intestines que le démocratique ou populaire, parce qu'il n'y en a aucun qui tende si fortement et si continuellement à changer de forme, ni qui demande plus de vigilance et de courage pour être maintenu dans la sienne. C'est surtout dans cette constitution que le citoyen doit s'armer de force et de constance, et dire chaque jour de sa vie au fond de son cœur, ce que disait un vertueux Palatin [1] dans la diète de Pologne : *Malo periculosam libertatem quàm quietum servitium.*

S'il y avoit un peuple de dieux, il se gouvernerait démocratiquement. Un

[1] Le Palatin de Posnanie, père du roi de Pologne, duc de Lorraine.

gouvernement si parfait ne convient pas
à des hommes.

CHAPITRE V.

De l'Aristocratie.

Nous avons ici deux personnes morales
très-distinctes, savoir, le gouvernement
et le souverain ; et par conséquent deux
volontés générales, l'une par rapport
à tous les citoyens, l'autre seulement
pour les membres de l'administration.
Ainsi, bien que le gouvernement puisse
régler sa police intérieure comme il lui
plaît, il ne peut jamais parler au peuple qu'au nom du souverain, c'est-à-dire,
au nom du peuple même ; ce qu'il ne
faut jamais oublier.

Les premières sociétés se gouvernè-
rent aristocratiquement. Les chefs des
familles délibéraient entre eux des affaires publiques; les jeunes gens cédaient
sans peine à l'autorité de l'expérience :
de là les noms de *prêtres*, *d'anciens*, de

sénat, de *gérontes*. Les sauvages de l'Amérique septentrionale se gouvernent encore ainsi de nos jours, et sont très-bien gouvernés.

Mais à mesure que l'inégalité d'institution l'emporta sur l'inégalité naturelle, la richesse ou la puissance [1] fut préférée à l'âge, et l'aristocratie devint élective. Enfin la puissance, transmise avec les biens du père aux enfants, rendant les familles patriciennes, rendit le gouvernement héréditaire, et l'on vit des sénateurs de vingt ans.

Il y a donc trois sortes d'aristocratie : naturelle, élective, héréditaire. La première ne convient qu'à des peuples simples ; la troisième est le pire de tous les gouvernements ; la deuxième est le meilleur : c'est l'aristocratie proprement dite.

Outre l'avantage de la distinction des

[1] Il est clair que le mot *optimates*, chez les anciens, ne veut pas dire les meilleurs, mais les plus puissants.

deux pouvoirs, elle a celui du choix de ses membres : car, dans le gouvernement populaire, tous les citoyens naissent magistrats ; mais celui-ci les borne à un petit nombre, et ils ne le deviennent que par élection [1] : moyen par lequel la probité, les lumières, l'expérience, et toutes les autres raisons de préférence et d'estime publique, sont autant de nouveaux garants qu'on sera sagement gouverné.

De plus, les assemblées se font plus commodément ; les affaires se discutent mieux, s'expédient avec plus d'ordre et de diligence ; le crédit de l'état est mieux soutenu chez l'étranger par de

[1] Il importe beaucoup de régler par des lois la forme de l'élection des magistrats : car, en l'abandonnant à la volonté du prince, on ne peut éviter de tomber dans l'aristocratie héréditaire, comme il est arrivé aux républiques de *Venise* et de *Berne*. Aussi la première est-elle depuis long-temps un état dissous ; mais la seconde se maintient par l'extrême sagesse de son sénat : c'est une exception bien honorable et bien dangereuse.

vénérables sénateurs, que par une multitude inconnue ou méprisée.

En un mot, c'est l'ordre le meilleur et le plus naturel, que les plus sages gouvernent la multitude, quand on est sûr qu'ils la gouverneront pour son profit et non pour le leur; il ne faut point multiplier en vain les ressorts, ni faire avec vingt mille hommes ce que cent hommes choisis peuvent faire encore mieux. Mais il faut remarquer que l'intérêt de corps commence à moins diriger ici la force publique sur la règle de la volonté générale, et qu'une autre pente inévitable enlève aux lois une partie de la puissance exécutive.

À l'égard des convenances particulières, il ne faut ni un état si petit, ni un peuple si simple et si droit, que l'exécution des lois suive immédiatement de la volonté publique, comme dans une bonne démocratie. Il ne faut pas non plus une si grande nation, que les chefs épars pour la gouverner puissent trancher

du souverain chacun dans son départe-
ment, et commencer par se rendre indépendants pour devenir enfin les maîtres.

Mais si l'aristocratie exige quelques
vertus de moins que le gouvernement
populaire, elle en exige aussi d'autres
qui lui sont propres, comme la modération dans les riches, et le contentement
dans les pauvres : car il semble qu'une
égalité rigoureuse y serait déplacée ;
elle ne fut pas même observée à Sparte.

Au reste, si cette forme comporte une
certaine inégalité de fortune, c'est bien
pour qu'en général l'administration des
affaires publiques soit confiée à ceux
qui peuvent le mieux y donner tout leur
temps ; mais non pas, comme prétend
Aristote, pour que les riches soient toujours préférés. Au contraire, il importe
qu'un choix opposé apprenne quelquefois au peuple qu'il y a dans le mérite
des hommes, des raisons de préférence
plus importantes que la richesse.

CHAPITRE VI.

De la Monarchie.

JUSQU'ICI nous avons considéré le prince comme une personne morale et collective, unie par la force des lois, et dépositaire dans l'état de la puissance exécutive. Nous avons maintenant à considérer cette puissance réunie entre les mains d'une personne naturelle, d'un homme réel, qui seul ait droit d'en disposer selon les lois. C'est ce qu'on appelle un monarque ou un roi.

Tout au contraire des autres administrations, où un être collectif représente un individu, dans celle-ci un individu représente un être collectif; ensorte que l'unité morale qui constitue le prince est en même temps une unité physique, dans laquelle toutes les facultés que la loi réunit dans l'autre avec tant d'effort, se trouvent naturellement réunies.

Ainsi la volonté du peuple, et la vo-

lonté du prince, et la force publique
de l'état, et la force particulière du
gouvernement, tout répond au même
mobile, tous les ressorts de la machine
sont dans la même main, tout marche
au même but; il n'y a point de mou-
vements opposés qui s'entre-détruisent,
et l'on ne peut imaginer aucune sorte
de constitution dans laquelle un moindre effort produise une action plus considérable. Archimede, assis tranquillement sur le rivage et tirant sans peine
à flot un grand vaisseau, me représente
un monarque habile gouvernant de son
cabinet ses vastes états, et faisant tout
mouvoir en paraissant immobile.

Mais s'il n'y a point de gouvernement
qui ait plus de vigueur, il n'y en a point
où la volonté particulière ait plus d'empire, et domine plus aisément les autres : tout marche au même but, il est
vrai; mais ce but n'est point celui de
la félicité publique, et la force même
de l'administration tourne sans cesse au
préjudice de l'état.

Les rois veulent être absolus, et de loin on leur crie que le meilleur moyen de l'être est de se faire aimer de leurs peuples. Cette maxime est très-belle, et même très-vraie, à certains égards : malheureusement on s'en moquera toujours dans les cours. La puissance qui vient de l'amour des peuples est sans doute la plus grande ; mais elle est précaire et conditionnelle : jamais les princes ne s'en contenteront. Les meilleurs rois veulent pouvoir être méchants s'il leur plait, sans cesser d'être les maîtres : un sermoneur politique aura beau leur dire que la force du peuple étant la leur, leur plus grand intérêt est que le peuple soit florissant, nombreux, redoutable ; ils savent très-bien que cela n'est pas vrai. Leur intérêt personnel est, premièrement, que le peuple soit faible, misérable, et qu'il ne puisse jamais leur résister. J'avoue que, supposant les sujets toujours parfaitement soumis, l'intérêt du prince serait alors que le peuple fût puissant, afin que cette puissance étant la sienne, le rendit redoutable à ses voisins; mais comme cet intérêt n'est que secondaire et subordonné, et que les deux suppositions sont incompatibles, il est naturel que les princes donnent toujours la préférence à la maxime qui leur est le plus immédiatement utile. C'est ce que Samuel représentait fortement aux Hébreux; c'est ce que Machiavel a fait voir avec évidence. En feignant de donner des leçons aux rois, il en a donné de grandes aux peuples. Le *Prince* de Machiavel est le livre des républicains ¹.

¹ Machiavel était un honnête homme et un bon citoyen : mais, attaché à la maison de Médicis, il était forcé, dans l'oppression de sa patrie, de déguiser son amour pour la liberté. Le choix seul de son exécrable héros manifeste assez son intention secrète; et l'opposition des maximes de son livre du Prince à celles de ses Discours sur Tite-Live et de son Histoire de Florence, démontre que ce profond politique n'a eu jusqu'ici que des lecteurs

Nous avons trouvé, par les rapports généraux, que la monarchie n'est convenable qu'aux grands états, et nous le trouvons encore en l'examinant en elle-même. Plus l'administration publique est nombreuse, plus le rapport du prince aux sujets diminue et s'approche de l'égalité; ensorte que ce rapport est un, ou l'égalité même, dans la démocratie. Ce même rapport augmente à mesure que le gouvernement se resserre, et il est dans son *maximum* quand le gouvernement est dans les mains d'un seul. Alors il se trouve une trop grande distance entre le prince et le peuple, et l'état manque de liaison. Pour la former, il faut donc des ordres intermédiaires : il faut des princes, des grands, de la noblesse pour les remplir. Or, rien de tout cela ne convient à un petit état que ruinent tous ces degrés.

superficiels ou corrompus. La cour de Rome a sévèrement défendu son livre : je le crois bien; c'est elle qu'il dépeint le plus clairement.

Mais s'il est difficile qu'un grand état soit bien gouverné, il l'est beaucoup plus qu'il soit bien gouverné par un seul homme; et chacun sait ce qu'il arrive quand le roi se donne des substituts.

Un défaut essentiel et inévitable qui mettra toujours le gouvernement monarchique au dessous du républicain, est que dans celui-ci la voix publique n'élève presque jamais aux premières places que des hommes éclairés et capables, qui les remplissent avec honneur; au lieu que ceux qui parviennent dans les monarchies ne sont le plus souvent que de petits brouillons, de petits fripons, de petits intrigants, à qui les petits talents qui font dans les cours parvenir aux grandes places, ne servent qu'à montrer au public leur ineptie aussitôt qu'ils y sont parvenus. Le peuple se trompe bien moins sur ce choix que le prince; et un homme d'un vrai mérite est presque aussi rare dans le ministère, qu'un sot à la tête d'un gouvernement républicain. Aussi quand, par quelque heureux hasard, un de ces hommes nés pour gouverner prend le timon des affaires dans une monarchie presque abymée par ces tas de jolis régisseurs, on est tout surpris des ressources qu'il trouve, et cela fait époque dans un pays.

Pour qu'un état monarchique pût être bien gouverné, il faudrait que sa grandeur ou son étendue fût mesurée aux facultés de celui qui gouverne. Il est plus aisé de conquérir que de régir. Avec un lévier suffisant, d'un doigt on peut ébranler le monde; mais pour le soutenir il faut les épaules d'Hercule. Pour peu qu'un état soit grand, le prince est presque toujours trop petit. Quand au contraire il arrive que l'état est trop petit pour son chef, ce qui est très-rare, il est encore mal gouverné, parce que le chef, suivant toujours la grandeur de ses vues, oublie les intérêts des peuples, et ne les rend pas moins malheureux par l'abus des talents qu'il a de trop, qu'un chef borné par le défaut de ceux qui lui manquent. Il faudrait, pour ainsi dire, qu'un royaume s'étendit ou se resserrât à chaque règne, selon la portée du prince; au lieu que les talents d'un sénat ayant des mesures plus fixes, l'état peut avoir des bornes constantes, et l'administration n'aller pas moins bien.

Le plus sensible inconvénient du gouvernement d'un seul, est le défaut de cette succession continuelle qui forme dans les deux autres une liaison non interrompue. Un roi mort, il en faut un autre : les élections laissent des intervalles dangereux, elles sont orageuses; et à moins que les citoyens ne soient d'un désintéressement, d'une intégrité que ce gouvernement ne comporte guère, la brigue et la corruption s'en mêlent. Il est difficile que celui à qui l'état s'est vendu ne le vende pas à son tour, et ne se dédommage pas sur les faibles de l'argent que les puissants lui ont extorqué. Tôt ou tard tout devient vénal sous une pareille administration; et la paix dont on jouit alors sous les rois est pire que le désordre des interrègnes.

Qu'a-t-on fait pour prévenir ces maux? On a rendu les couronnes héréditaires dans certaines familles, et l'on a établi un ordre de succession qui prévient toute dispute à la mort des rois; c'est-à-dire que, substituant l'inconvénient des régences à celui des élections, on a préféré une apparente tranquillité à une administration sage, et qu'on a mieux aimé risquer d'avoir pour chefs des enfants, des monstres, des imbécilles, que d'avoir à disputer sur le choix des bons rois. On n'a pas considéré qu'en s'exposant ainsi aux risques de l'alternative, on met presque toutes les chances contre soi. C'était un mot très-sensé que celui du jeune Denys, à qui son père, en lui reprochant une action honteuse, disait : T'en ai-je donné l'exemple ? Ah ! répondit le fils, votre père n'était pas roi.

Tout concourt à priver de justice et de raison un homme élevé pour commander aux autres. On prend beaucoup de peine, à ce qu'on dit, pour enseigner aux jeunes princes l'art de régner ; il ne paraît pas que cette éducation leur profite. On ferait mieux de commencer par leur enseigner l'art d'obéir. Les plus grands rois qu'ait célébrés l'histoire n'ont point été élevés pour régner ; c'est une science qu'on ne possède jamais moins qu'après l'avoir trop apprise, et qu'on acquiert mieux en obéissant qu'en commandant. *Nam utilissimus idem ac brevissimus bonarum malarumque rerum delectus, cogitare quid aut nolueris sub alio principe aut volueris* [1].

Une suite de ce défaut de cohéren-

-----

[1] Tacit. hist. lib. j.

ce est l'inconstance du gouvernement royal, qui, se réglant tantôt sur un plan et tantôt sur un autre, selon le caractère du prince qui règne ou des gens qui règnent pour lui, ne peut avoir long-temps un objet fixe ni une conduite conséquente : variation qui rend toujours l'état flottant de maxime en maxime, de projet en projet, et qui n'a pas lieu dans les autres gouvernements, où le prince est toujours le même. Aussi voit-on qu'en général, s'il y a plus de ruse dans une cour, il y a plus de sagesse dans un sénat, et que les républiques vont à leurs fins par des vues plus constantes et mieux suivies, au lieu que chaque révolution dans le ministère en produit une dans l'état ; la maxime commune à tous les ministres, et presque à tous les rois, étant de prendre en toute chose le contre-pied de leur prédécesseur.

De cette même incohérence se tire encore la solution d'un sophisme très-familier aux politiques royaux ; c'est non-seulement de comparer le gouvernement civil au gouvernement domestique, et le prince au père de famille, erreur déja réfutée ; mais encore de donner libéralement à ce magistrat toutes les vertus dont il aurait besoin, et de supposer toujours que le prince est ce qu'il devrait être : supposition à l'aide de laquelle le gouvernement royal est évidemment préférable à tout autre, parce qu'il est incontestablement le plus fort, et que pour être aussi le meilleur il ne lui manque qu'une volonté de corps plus conforme à la volonté générale.

Mais si, selon Platon [1], le roi par nature est un personnage si rare, combien de fois la nature et la fortune concourront-elles à le couronner ? Et si l'éducation royale corrompt nécessairement ceux qui la reçoivent, que doit-on espérer d'une suite d'hommes élevés pour régner ? C'est donc bien vouloir s'abuser, que de confondre le gouvernement royal avec ce-

[1] *In Civili.*

lui d'un bon roi. Pour voir ce qu'est ce gouvernement en lui-même, il faut le considérer sous des princes bornés ou méchants ; car ils arriveront tels au trône, ou le trône les rendra tels.

Ces difficultés n'ont pas échappé à nos auteurs ; mais ils n'en sont point embarrassés. Le remède est, disent-ils, d'obéir sans murmure. Dieu donne les mauvais rois dans sa colère, et il les faut supporter comme des châtiments du ciel. Ce discours est édifiant, sans doute ; mais je ne sais s'il ne conviendrait pas mieux en chaire que dans un livre de politique. Que dire d'un médecin qui promet des miracles, et dont tout l'art est d'exhorter son malade à la patience ? On sait bien qu'il faut souffrir un mauvais gouvernement quand on l'a : la question serait d'en trouver un bon.

CHAPITRE VII.

Des Gouvernements mixtes.

A PROPREMENT parler, il n'y a point de gouvernement simple. Il faut qu'un chef unique ait des magistrats subalternes; il faut qu'un gouvernement populaire ait un chef. Ainsi, dans le partage de la puissance exécutive, il y a toujours gradation du grand nombre au moindre, avec cette différence que tantôt le grand nombre dépend du petit, et tantôt le petit du grand.

Quelquefois il y a partage égal, soit quand les parties constitutives sont dans une dépendance mutuelle, comme dans le gouvernement d'Angleterre, soit quand l'autorité de chaque partie est indépendante mais imparfaite, comme en Pologne. Cette dernière forme est mauvaise, parce qu'il n'y a point d'unité dans le gouvernement, et que l'état manque de liaison.

Lequel vaut le mieux, d'un gouvernement simple ou d'un gouvernement mixte? Question fort agitée chez les politiques, et à laquelle il faut faire la même réponse que j'ai faite ci-devant sur toute forme de gouvernement.

Le gouvernement simple est le meilleur en soi, par cela seul qu'il est simple. Mais quand la puissance exécutive ne dépend pas assez de la législative, c'est-à-dire, quand il y a plus de rapport du prince au souverain que du peuple au prince, il faut remédier à ce défaut de proportion en divisant le gouvernement; car alors toutes ses parties n'ont pas moins d'autorité sur les sujets, et leur division les rend toutes ensemble moins fortes contre le souverain.

On prévient encore le même inconvénient en établissant des magistrats intermédiaires, qui, laissant le gouvernement en son entier, servent seulement à balancer les deux puissances et à maintenir leurs droits respectifs. Alors le gouvernement n'est pas mixte ; il est tempéré.

On peut remédier par des moyens semblables à l'inconvénient opposé, et, quand le gouvernement est trop lâche, ériger des tribunaux pour le concentrer. Cela se pratique dans toutes les démocraties. Dans le premier cas on divise le gouvernement pour l'affaiblir, et dans le second pour le renforcer ; car les *maximum* de force et de faiblesse se trouvent également dans les gouvernements simples, au lieu que les formes mixtes donnent une force moyenne.

CHAPITRE VIII.

Que toute forme de Gouvernement n'est
pas propre à tous pays.

LA liberté n'étant pas un fruit de tous les climats, n'est pas à la portée de tous les peuples. Plus on médite ce principe établi par Montesquieu, plus on en sent la vérité : plus on le conteste, plus on donne occasion de l'établir par de nouvelles preuves.

Dans tous les gouvernements du monde la personne publique consomme et ne produit rien. D'où lui vient donc la substance consommée ? Du travail de ses membres. C'est le superflu des particuliers qui produit le nécessaire du public : d'où il suit que l'état civil ne peut subsister qu'autant que le travail des hommes rend au-delà de leurs besoins.

Or, cet excédent n'est pas le même dans tous les pays du monde. Dans plusieurs il est considérable, dans d'autres médiocre, dans d'autres nul, dans d'autres négatif. Ce rapport dépend de la fertilité du climat, de la sorte de travail que la terre exige, de la nature de ses productions, de la force de ses habitants, de la plus ou moins grande consommation qui leur est nécessaire, et de plusieurs autres rapports semblables desquels il est composé.

D'autre part, tous les gouvernements

ne sont pas de même nature ; il y en a
de plus ou moins dévorants, et les différences sont fondées sur cet autre principe, que plus les contributions publiques s'éloignent de leur source, et plus
elles sont onéreuses. Ce n'est pas sur la
quantité des impositions qu'il faut mesurer cette charge, mais sur le chemin qu'elles ont à faire pour retourner
dans les mains dont elles sont sorties.
Quand cette circulation est prompte et
bien établie, qu'on paie peu ou beaucoup, il n'importe ; le peuple est toujours riche, et les finances vont toujours
bien. Au contraire, quelque peu que le
peuple donne, quand ce peu ne lui revient point, en donnant toujours bientôt il s'épuise ; l'état n'est jamais riche,
et le peuple est toujours gueux.

Il suit de là que plus la distance du
peuple au gouvernement augmente, et
plus les tributs deviennent onéreux : ainsi
dans la démocratie le peuple est le moins
chargé, dans l'aristocratie il l'est davan-

tage ; dans la monarchie il porte le plus grand poids. La monarchie ne convient donc qu'aux nations opulentes ; l'aristocratie, aux états médiocres en richesse ainsi qu'en grandeur ; la démocratie, aux états petits et pauvres.

En effet, plus on y réfléchit, plus on trouve en ceci de différence entre les états libres et les monarchiques : dans les premiers, tout s'emploie à l'utilité commune ; dans les autres, les forces publiques et particulières sont réciproques, et l'une s'augmente par l'affaiblissement de l'autre. Enfin, au lieu de gouverner les sujets pour les rendre heureux, le despotisme les rend misérables pour les gouverner.

Voilà donc dans chaque climat des causes naturelles sur lesquelles on peut assigner la forme de gouvernement à laquelle la force du climat l'entraine, et dire même quelle espèce d'habitants il doit avoir. Les lieux ingrats et stériles, où le produit ne vaut pas le travail, doivent rester incultes et déserts, ou seulement peuplés de sauvages ; les lieux où le travail des hommes ne rend exactement que le nécessaire, doivent être habités par des peuples barbares, toute politie y serait impossible : les lieux où l'excès du produit sur le travail est médiocre, conviennent aux peuples libres : ceux où le terroir abondant et fertile donne beaucoup de produit pour peu de travail, veulent être gouvernés monarchiquement, pour consumer par le luxe du prince l'excès du superflu des sujets ; car il vaut mieux que cet excès soit absorbé par le gouvernement que dissipé par les particuliers. Il y a des exceptions, je le sais ; mais ces exceptions même confirment la règle, en ce qu'elles produisent tôt ou tard des révolutions qui ramènent les choses dans l'ordre de la nature.

Distinguons toujours les lois générales des causes particulières qui peuvent en modifier l'effet. Quand tout le midi serait

couvert de républiques et tout le nord
d'états despotiques, il n'en serait pas
moins vrai que par l'effet du climat le
despotisme convient aux pays chauds,
la barbarie aux pays froids, et la bonne
politie aux régions intermédiaires. Je
vois encore qu'en accordant le principe,
on pourra disputer sur l'application : on
pourra dire qu'il y a des pays froids très-
fertiles, et des méridionaux très-ingrats.
Mais cette difficulté n'en est une que
pour ceux qui n'examinent pas la chose
dans tous ses rapports : il faut, comme
je l'ai déja dit, compter ceux des travaux, des forces, de la consommation,
etc.

Supposons que de deux terrains égaux,
l'un rapporte cinq et l'autre dix. Si les
habitants du premier consomment quatre et ceux du dernier neuf, l'excès du premier produit sera un cinquième, et celui
du second un dixième. Le rapport de ces
deux excès étant donc inverse de celui
des produits, le terrain qui ne produira

que cinq donnera un superflu double de celui du terrain qui produira dix.

Mais il n'est pas question d'un produit double, et je ne crois pas que personne ose mettre en général la fertilité des pays froids en égalité même avec celle des pays chauds. Toutefois supposons cette égalité; laissons, si l'on veut, en balance l'Angleterre avec la Sicile, et la Pologne avec l'Égypte. Plus au midi, nous aurons l'Afrique et les Indes; plus au nord, nous n'aurons plus rien. Pour cette égalité de produit, quelle différence dans la culture ? En Sicile, il ne faut que gratter la terre; en Angleterre, que de soins pour la labourer! Or, là où il faut plus de bras pour donner le même produit, le superflu doit être nécessairement moindre.

Considérez, outre cela, que la même quantité d'hommes consomme beaucoup moins dans les pays chauds. Le climat demande qu'on y soit sobre pour se porter bien : les Européens qui veulent y vivre comme chez eux périssent tous de dyssenteries et d'indigestions. *Nous sommes*, dit Chardin, *des bêtes carnacières, des loups, en comparaison des Asiatiques. Quelques-uns attribuent la sobriété des Persans à ce que leur pays est moins cultivé; et moi, je crois au contraire que leur pays abonde moins en denrées, parce qu'il en faut moins aux habitants. Si leur frugalité*, continue-t-il, *était un effet de la disette du pays, il n'y aurait que les pauvres qui mangeraient peu, au lieu que c'est généralement tout le monde; et on mangerait plus ou moins en chaque province selon la fertilité du pays, au lieu que la même sobriété se trouve par tout le royaume. Ils se louent fort de leur manière de vivre, disant qu'il ne faut que regarder leur teint pour reconnaître combien elle est plus excellente que celle des chrétiens. En effet, le teint des Persans est uni; ils ont la peau belle, fine et polie, au lieu que le teint des Arméniens leurs sujets, qui vivent à l'européenne, est rude, couperosé, et que leurs corps sont gros et pesants.*

Plus on approche de la ligne, plus les peuples vivent de peu. Ils ne mangent presque pas de viande ; le riz, le maïs, le cuzcuz, le mil, la cassave, sont leurs aliments ordinaires. Il y a aux Indes des millions d'hommes dont la nourriture ne coûte pas un sou par jour. Nous voyons en Europe même des différences sensibles pour l'appétit entre les peuples du nord et ceux du midi. Un Espagnol vivra huit jours du diné d'un Allemand. Dans les pays où les hommes sont plus voraces, le luxe se tourne aussi vers les choses de consommation. En Angleterre, il se montre sur une table chargée de viandes ; en Italie, on vous régale de sucre et de fleurs.

Le luxe des vêtements offre encore de semblables différences. Dans les climats où les changements des saisons sont prompts et violents, on a des habits meilleurs et plus simples ; dans ceux où l'on ne s'habille que pour la parure, on y cherche plus d'éclat que d'utilité, les habits eux-mêmes y sont un luxe. A Naples vous verrez tous les jours se promener au Pausylippe des hommes en veste dorée et point de bas. C'est la même chose pour les bâtimens ; on donne tout à la magnificence quand on n'a rien à craindre des injures de l'air. A Paris, à Londres, on veut être logé chaudement et commodément. A Madrid, on a des sallons superbes, mais point de fenêtres qui ferment, et l'on couche dans des nids-à-rats.

Les alimens sont beaucoup plus substantiels et succulens dans les pays chauds ; c'est une troisième différence qui ne peut manquer d'influer sur la seconde. Pourquoi mange-t-on tant de légumes en Italie ? parce qu'ils y sont bons, nourrissans, d'excellent goût : en France, où ils ne sont nourris que d'eau, ils ne nourrissent point, et sont presque comptés pour rien sur les tables. Ils n'occupent

pourtant pas moins de terrain, et coû-
tent du moins autant de peine à culti-
ver. C'est une expérience faite, que les
blés de Barbarie, d'ailleurs inférieurs
à ceux de France, rendent beaucoup
plus en farine, et que ceux de France
à leur tour rendent plus que les blés
du nord : d'où l'on peut inférer qu'une
gradation semblable s'observe généralement dans la même direction de la ligne au pôle. Or, n'est-ce pas un désavan-
tage visible d'avoir dans un produit égal
une moindre quantité d'aliments ?

A toutes ces différentes considérations j'en puis ajouter une qui en dé-
coule et qui les fortifie ; c'est que les
pays chauds ont moins besoin d'habitants que les pays froids, et pourraient
en nourrir davantage ; ce qui produit
un double superflu toujours à l'avantage
du despotisme. Plus le même nombre
d'habitants occupe une grande surface,
plus les révoltes deviennent difficiles ;
parce qu'on ne peut se concerter ni

promptement ni secrètement, et qu'il est toujours facile au gouvernement d'éventer les projets et de couper les communications; mais plus un peuple nombreux se rapproche, moins le gouvernement peut usurper sur le souverain; les chefs délibèrent aussi sûrement dans leurs chambres que le prince dans son conseil, et la foule s'assemble aussitôt dans les places que les troupes dans leurs quartiers. L'avantage d'un gouvernement tyrannique est donc en ceci d'agir à grandes distances. A l'aide des points d'appui qu'il se donne, sa force augmente au loin comme celle des leviers [1]. Celle du peuple au contraire n'agit que concentrée; elle s'évapore et se perd en s'étendant, comme l'effet de

[1] Ceci ne contredit pas ce que j'ai dit ci-devant liv. ij, chap. 9, sur les inconvéniens des grands états; car il s'agissait là de l'autorité du gouvernement sur ses membres, et il s'agit ici de sa force contre les sujets. Ses membres épars lui servent de

la poudre éparse à terre et qui ne prend feu que grain à grain. Les pays les moins peuplés sont ainsi les plus propres à la tyrannie : les bêtes féroces ne règnent que dans les déserts.

CHAPITRE IX.

Des signes d'un bon Gouvernement.

QUAND donc on demande absolument quel est le meilleur gouvernement, on fait une question insoluble comme indéterminée; ou si l'on veut, elle a autant de bonnes solutions qu'il y a de combinaisons possibles dans les positions absolues et relatives des peuples.

Mais si l'on demandait à quel signe on peut connaître qu'un peuple donné est bien ou mal gouverné, ce serait autre

points d'appui pour agir au loin sur le peuple, mais il n'a nul point d'appui pour agir directement sur ces membres mêmes. Ainsi dans l'un des cas la longueur du lévier en fait la faiblesse, et la force dans l'autre cas.

chose, et la question de fait pourrait se résoudre.

Cependant on ne la résout point, parce que chacun veut la résoudre à sa manière. Les sujets vantent la tranquillité publique, les citoyens la liberté des particuliers; l'un préfère la sûreté des possessions, et l'autre celle des personnes; l'un veut que le meilleur gouvernement soit le plus sévère, l'autre soutient que c'est le plus doux; celui-ci veut qu'on punisse les crimes, et celui-là qu'on les prévienne; l'un trouve beau qu'on soit craint des voisins, l'autre aime mieux qu'on en soit ignoré; l'un est content quand l'argent circule, l'autre exige que le peuple ait du pain. Quand même on conviendrait sur ces points et d'autres semblables, en serait-on plus avancé? Les quantités morales manquant de mesure précise, fût-on d'accord sur le signe, comment l'être sur l'estimation?

Pour moi, je m'étonne toujours qu'on

méconnaisse un signe aussi simple, ou qu'on ait la mauvaise foi de n'en pas convenir. Quelle est la fin de l'association politique ? C'est la conservation et la prospérité de ses membres. Et quel est le signe le plus sûr qu'ils se conservent et prospèrent ? C'est leur nombre et leur population. N'allez donc pas chercher ailleurs ce signe si disputé. Toute chose d'ailleurs égale, le gouvernement sous lequel, sans moyens étrangers, sans naturalisations, sans colonies, les citoyens peuplent et multiplient davantage, est infailliblement le meilleur; celui sous lequel un peuple diminue et dépérit est le pire. Calculateurs, c'est maintenant votre affaire; comptez, mesurez, comparez. [1]

[1] On doit juger sur le même principe, des siècles qui méritent la préférence pour la prospérité du genre humain. On a trop admiré ceux où l'on a vu fleurir les lettres et les arts, sans pénétrer l'objet secret de leur culture, sans en considérer le funeste effet; *idque apud imperitos humanitas vo-*

CHAPITRE X.

*De l'abus du Gouvernement et de sa pente
à dégénérer.*

COMME la volonté particulière agit
sans cesse contre la volonté générale,
ainsi le gouvernement fait un effort con-

cabatur, càm pars servitutis esset. Ne verrons-nous
jamais dans les maximes des livres l'intérêt gros-
sier qui fait parler les auteurs ? Non, quoi qu'ils en
puissent dire, quand malgré son éclat un pays se
dépeuple, il n'est pas vrai que tout aille bien, et
il ne suffit pas qu'un poëte ait cent mille livres de
rente pour que son siècle soit le meilleur de tous.
Il faut moins regarder au repos apparent et à la
tranquillité des chefs, qu'au bien-être des nations
entières, et surtout des états les plus nombreux.
La grêle désole quelques cantons, mais elle fait
rarement disette. Les émeutes, les guerres civiles
effarouchent beaucoup les chefs ; mais elles ne
font pas les vrais malheurs des peuples, qui peuvent même avoir du relâche tandis qu'on dispute
à qui les tyrannisera. C'est de leur état permanent
que naissent leurs prospérités ou leurs calamités
réelles ; quand tout reste écrasé sous le joug, c'est

tinuel contre la souveraineté. Plus cet effort augmente, plus la constitution s'altère ; et comme il n'y a point ici d'autre volonté de corps qui résistant à celle du prince fasse équilibre avec elle, il doit arriver tôt ou tard que le prince opprime enfin le souverain, et rompe

alors que tout dépérit, c'est alors que les chefs les détruisant à leur aise, *ubi solitudinem faciunt, pacem appellant.* Quand les tracasseries des grands agitaient le royaume de France, et que le coadjuteur de Paris portait au parlement un poignard dans sa poche, cela n'empêchait pas que le peuple français ne vécût heureux et nombreux dans une honnête et libre aisance. Autrefois la Grèce fleurissait au sein des plus cruelles guerres : le sang y coulait à flots, et tout le pays était couvert d'hommes. Il semblait, dit Machiavel, qu'au milieu des meurtres, des proscriptions, des guerres civiles, notre république en devînt plus puissante ; la vertu de ses citoyens, leurs mœurs, leur indépendance, avaient plus d'effet pour la renforcer, que toutes ses dissentions n'en avaient pour l'affaiblir. Un peu d'agitation donne du ressort aux âmes, et ce qui fait vraiment prospérer l'espèce est moins la paix que la liberté.

le traité social. C'est là le vice inhérent et inévitable qui dès la naissance du corps politique tend sans relâche à le détruire, de même que la vieillesse et la mort détruisent enfin le corps de l'homme.

Il y a deux voies générales par lesquelles un gouvernement dégénère; savoir, quand il se resserre, ou quand l'état se dissout.

Le gouvernement se resserre quand il passe du grand nombre au petit, c'est-à-dire, de la démocratie à l'aristocratie, et de l'aristocratie à la royauté. C'est là son inclinaison naturelle [1]. S'il

[1] La formation lente et le progrès de la république de Venise dans ses lagunes, offre un exemple notable de cette succession; et il est bien étonnant que depuis plus de douze cents ans les Vénitiens semblent n'en être encore qu'au second terme, lequel commença au *Serrar di Consiglio*, en 1198. Quant aux anciens ducs qu'on leur reproche, quoi qu'en puisse dire le *squittinio della libertà veneta*, il est prouvé qu'ils n'ont point été leurs souverains.

On ne manquera pas de m'objecter la républi-

rétrogradait du petit nombre au grand, on pourrait dire qu'il se relâche; mais ce progrès inverse est impossible.

En effet, jamais le gouvernement ne

que romaine, qui suivit, dira-t-on, un progrès tout contraire, passant de la monarchie à l'aristocratie, et de l'aristocratie à la démocratie. Je suis bien éloigné d'en penser ainsi.

Le premier établissement de Romulus fut un gouvernement mixte qui dégénéra promptement en despotisme. Par des causes particulières, l'état périt avant le temps, comme on voit mourir un nouveau-né avant d'avoir atteint l'âge d'homme : l'expulsion des Tarquins fut la véritable époque de la naissance de la république. Mais elle ne prit pas d'abord une forme constante, parce qu'on ne fit que la moitié de l'ouvrage en n'abolissant pas le patriciat. Car de cette manière l'aristocratie héréditaire, qui est la pire des administrations légitimes, restant en conflit avec la démocratie, la forme du gouvernement toujours incertaine et flottante ne fut fixée, comme l'a prouvé Machiavel, qu'à l'établissement des tribuns : alors seulement il y eut un vrai gouvernement et une véritable démocratie. En effet, le peuple alors n'était pas seulement souverain, mais aussi magistrat et juge; le sénat n'était qu'un tribunal en sous-ordre pour

change de forme que quand son ressort usé le laisse trop affaibli pour pouvoir conserver la sienne Or, s'il se relâchait encore en s'étendant, sa force devien-

tempérer et concentrer le gouvernement ; et les consuls eux-mêmes, bien que patriciens, bien que premiers magistrats, bien que généraux absolus à la guerre, n'étaient à Rome que les présidents du peuple.

Dès-lors on vit aussi le gouvernement prendre sa pente naturelle, et tendre fortement à l'aristocratie. Le patriciat s'abolissant comme de lui-même, l'aristocratie n'était plus dans le corps des patriciens comme elle est à Venise et à Gênes, mais dans le corps du sénat composé de patriciens et de plébéiens, même dans le corps des tribuns quand ils commencèrent d'usurper une puissance active : car les mots ne font rien aux choses ; et quand le peuple a des chefs qui gouvernent pour lui, quelque nom que portent ces chefs, c'est toujours une aristocratie.

De l'abus de l'aristocratie naquirent les guerres civiles et le triumvirat. Sylla, Jules-César, Auguste devinrent dans le fait de véritables monarques ; et enfin sous le despotisme de Tibère l'état fut dissous. L'histoire romaine ne dément donc pas mon principe ; elle le confirme.

drait tout-à-fait nulle, et il subsisterait encore moins. Il faut donc remonter et serrer le ressort à mesure qu'il cède, autrement l'état qu'il soutient tomberait en ruine.

Le cas de la dissolution de l'état peut arriver de deux manières.

Premièrement, quand le prince n'administre plus l'état selon les lois et qu'il usurpe le pouvoir souverain ; alors il se fait un changement remarquable : c'est que, non pas le gouvernement, mais l'état se resserre ; je veux dire que le grand état se dissout et qu'il s'en forme un autre dans celui-là, composé seulement des membres du gouvernement, et qui n'est plus rien au reste du peuple que son maître et son tyran. De sorte qu'à l'instant que le gouvernement usurpe la souveraineté, le pacte social est rompu, et tous les simples citoyens, rentrés de droit dans leur liberté naturelle, sont forcés, mais non pas obligés d'obéir.

Le même cas arrive aussi quand les membres du gouvernement usurpent séparément le pouvoir qu'ils ne doivent exercer qu'en corps ; ce qui n'est pas une moindre infraction des lois, et produit encore un plus grand désordre. Alors on a, pour ainsi dire, autant de princes que de magistrats : et l'état, non moins divisé que le gouvernement, périt ou change de forme.

Quand l'état se dissout, l'abus du gouvernement, quel qu'il soit, prend le nom commun d'*anarchie*. En distinguant, la démocratie dégénère en *ochlocratie*, l'aristocratie en *oligarchie*, j'ajouterais que la royauté dégénère en *tyrannie*; mais ce dernier mot est équivoque et demande explication.

Dans le sens vulgaire, un tyran est un roi qui gouverne avec violence et sans égard à la justice et aux lois. Dans le sens précis, un tyran est un particulier qui s'arroge l'autorité royale sans y avoir droit. C'est ainsi que les Grecs entendaient ce mot de tyran : ils le donnaient indifféremment aux bons et aux mauvais princes dont l'autorité n'était pas légitime [1]. Ainsi *tyran* et *usurpateur* sont deux mots parfaitement synonymes.

Pour donner différents noms à différentes choses, j'appelle *tyran* l'usurpateur de l'autorité royale, et *despote* l'usurpateur du pouvoir souverain. Le tyran est celui qui s'ingère contre les lois, à gouverner selon les lois ; le despote est celui qui se met au dessus des lois mêmes. Ainsi le tyran peut n'être pas despote, mais le despote est toujours tyran.

[1] *Omnes enim et habentur et dicuntur tyranni qui potestate utuntur perpetuá, in eá civitate quæ libertate usa est.* (Corn. Nep. in Miltiad.) Il est vrai qu'Aristote, *Mor. Nicom.* lib. viij, c. 10, distingue le tyran du roi, en ce que le premier gouverne pour sa propre utilité et le second seulement pour l'utilité de ses sujets ; mais outre que généralement tous les auteurs grecs ont pris le mot tyran dans un autre sens, comme il paraît surtout par le *Hiéron* de Xénophon, il s'ensuivrait de la distinction d'Aristote, que depuis le commencement du monde il n'aurait pas encore existé un seul roi.

CHAPITRE XI.

De la mort du Corps politique.

TELLE est la pente naturelle et inévitable des gouvernements les mieux constitués. Si Sparte et Rome ont péri, quel état peut espérer de durer toujours ? Si nous voulons former un établissement durable, ne songeons donc point à le rendre éternel. Pour réussir il ne faut pas tenter l'impossible, ni se flatter de donner à l'ouvrage des hommes une solidité que les choses humaines ne comportent pas.

Le corps politique, aussi bien que le corps de l'homme, commence à mourir dès sa naissance, et porte en lui-même les causes de sa destruction. Mais l'un et l'autre peut avoir une constitution plus ou moins robuste, et propre à le conserver plus ou moins longtemps. La constitution de l'homme est l'ouvrage de la nature ; celle de l'état est l'ouvrage de l'art. Il ne dépend pas des hommes de prolonger leur vie; il dépend d'eux de prolonger celle de l'état aussi loin qu'il est possible, en lui donnant la meilleure constitution qu'il puisse avoir. Le mieux constitué finira, mais plus tard qu'un autre, si nul accident imprévu n'amène sa perte avant le temps.

Le principe de la vie politique est dans l'autorité souveraine. La puissance législative est le cœur de l'état; la puissance exécutive en est le cerveau, qui donne le mouvement à toutes les parties. Le cerveau peut tomber en paralysie et l'individu vivre encore. Un homme reste imbécille et vit : mais sitôt que le cœur a cessé ses fonctions, l'animal est mort.

Ce n'est point par les lois que l'état subsiste, c'est par le pouvoir législatif. La loi d'hier n'oblige pas aujourd'hui, mais le consentement tacite est présumé du silence, et le souverain est censé confirmer incessamment les lois qu'il n'abroge pas, pouvant le faire. Tout ce qu'il a déclaré vouloir une fois, il le veut toujours, à moins qu'il ne le révoque.

Pourquoi donc porte-t-on tant de respect aux anciennes lois ? c'est pour cela même. On doit croire qu'il n'y a que l'excellence des volontés antiques qui les ait pu conserver si longtemps ; si le souverain ne les eût reconnues constamment salutaires, il les eût mille fois révoquées. Voilà pourquoi, loin de s'affaiblir, les lois acquièrent sans cesse une force nouvelle dans tout état bien constitué ; le préjugé de l'antiquité les rend chaque jour plus vénérables ; au lieu que partout où les lois s'affaiblissent en vieillissant, cela prouve qu'il n'y a plus de pouvoir législatif, et que l'état ne vit plus.

CHAPITRE XII.

Comment se maintient l'autorité souveraine.

Le souverain n'ayant d'autre force que la puissance législative, n'agit que par des lois, et les lois n'étant que des actes authentiques de la volonté générale, le souverain ne saurait agir que quand le peuple est assemblé. Le peuple assemblé, dira-t-on, quelle chimère! C'est une chimère aujourd'hui, mais ce n'en était pas une il y a deux mille ans : les hommes ont-ils changé de nature?

Les bornes du possible dans les choses morales sont moins étroites que nous ne pensons : ce sont nos faiblesses, nos vices, nos préjugés qui les rétrécissent. Les ames basses ne croient point aux grands hommes : de vils esclaves sourient d'un air moqueur à ce mot de liberté.

Par ce qui s'est fait, considérons ce qui se peut faire. Je ne parlerai pas des anciennes républiques de la Grèce ; mais la république romaine était, ce me semble, un grand état, et la ville de Rome une grande ville. Le dernier cens donna dans Rome quatre cent mille citoyens portant armes, et le dernier dénombrement de l'empire plus de quatre millions de citoyens, sans compter les sujets, les étrangers, les femmes, les enfants, les esclaves.

Quelle difficulté n'imaginerait-on pas d'assembler fréquemment le peuple immense de cette capitale et de ses environs ? Cependant il se passait peu de semaines que le peuple romain ne fût assemblé, et même plusieurs fois. Non-seulement il exerçait les droits de la souveraineté, mais une partie de ceux du gouvernement. Il traitait certaines affaires, il jugeait certaines causes, et tout ce peuple était sur la place publique presque aussi souvent magistrat que citoyen.

En remontant aux premiers temps des

nations, on trouverait que la plupart des anciens gouvernements, même monarchiques, tels que ceux des Macédoniens et des Francs, avaient de semblables conseils. Quoi qu'il en soit, ce seul fait incontestable répond à toutes les difficultés : de l'existant au possible, la conséquence me paraît bonne.

CHAPITRE XIII.

Suite.

IL ne suffit pas que le peuple assemblé ait une fois fixé la constitution de l'état en donnant la sanction à un corps de lois : il ne suffit pas qu'il ait établi un gouvernement perpétuel, ou qu'il ait pourvu une fois pour toutes à l'élection des magistrats. Outre les assemblées extraordinaires que des cas imprévus peuvent exiger, il faut qu'il y en ait de fixes et de périodiques que rien ne puisse abolir ni proroger, tellement qu'au jour marqué le peuple soit légitimement conroqué par la loi, sans qu'il soit besoin pour cela d'aucune autre convocation formelle.

Mais, hors de ces assemblées juridiques par leur seule date, toute assemblée du peuple qui n'aura pas été convoquée par les magistrats préposés à cet effet et selon les formes prescrites, doit être tenue pour illégitime, et tout ce qui s'y fait pour nul, parce que l'ordre même de s'assembler doit émaner de la loi.

Quant aux retours plus ou moins fréquents des assemblées légitimes, ils dépendent de tant de considérations, qu'on ne saurait donner là-dessus de règles précises. Seulement on peut dire en général que plus le gouvernement a de force, plus le souverain doit se montrer fréquemment.

Ceci, me dira-t-on, peut être bon pour une seule ville; mais que faire quand l'état en comprend plusieurs? Partagera-t-on l'autorité souveraine, ou bien doit-on la concentrer dans une seule ville et assujettir tout le reste ?

Je réponds qu'on ne doit faire ni l'un ni l'autre. Premièrement, l'autorité souveraine est simple et une, et l'on ne peut la diviser sans la détruire. En second lieu, une ville non plus qu'une nation ne peut être légitimement sujète d'une autre, parce que l'essence du corps politique est dans l'accord de l'obéissance et de la liberté, et que les mots de *sujet* et de *souverain* sont des correlations identiques dont l'idée se réunit sous le seul mot de citoyen.

Je réponds encore que c'est toujours un mal d'unir plusieurs villes en une seule cité, et que, voulant faire cette union, l'on ne doit pas se flatter d'en éviter les inconvénients naturels. Il ne faut point objecter l'abus des grands états à celui qui n'en veut que de petits : mais comment donner aux petits états assez de force pour résister aux grands ? Comme jadis les villes grecques résistèrent au grand-roi, et comme plus récemment la Hollande et la Suisse ont résisté à la maison d'Autriche.

Toutefois si l'on ne peut réduire l'état à de justes bornes, il reste encore une ressource ; c'est de n'y point souffrir de capitale, de faire siéger le gouvernement alternativement dans chaque ville, et d'y rassembler aussi tour-à-tour les états du pays.

Peuplez également le territoire, étendez-y partout les mêmes droits, portez-y partout l'abondance et la vie, c'est ainsi que l'état deviendra tout à la fois le plus fort et le mieux gouverné qu'il soit possible. Souvenez-vous que les murs des villes ne se forment que du débris des maisons des champs. A chaque palais que je vois élever dans la capitale, je crois voir mettre en masures tout un pays.

CHAPITRE XIV.

Suite.

A L'INSTANT que le peuple est légitimement assemblé en corps souverain, toute juridiction du gouvernement cesse, la puissance exécutive est suspendue, et la personne du dernier citoyen est aussi sacrée et inviolable que celle du premier magistrat, parcequ'où se trouve le représenté, il n'y a plus de représentant. La plupart des tumultes qui s'élevèrent à Rome dans les comices, vinrent d'avoir ignoré ou négligé cette règle. Les consuls alors n'étaient que les présidents du peuple, les tribuns de simples orateurs [1]; le sénat n'était rien du tout.

Ces intervalles de suspension où le prince reconnaît ou doit reconnaître un supérieur actuel, lui ont toujours été redoutables; et ces assemblées du peuple, qui sont l'égide du corps politique et le frein du gouvernement, ont été de

[1] A peu près selon le sens qu'on donne à ce nom dans le parlement d'Angleterre. La ressemblance de ces emplois eut mis en conflit les consuls et les tribuns, quand même toute juridiction eût été suspendue.

tous temps l'horreur des chefs : aussi n'épargnent - ils jamais ni soins, ni objections, ni difficultés, ni promesses, pour en rebuter les citoyens. Quand ceux-ci sont avares, lâches, pusillanimes, plus amoureux du repos que de la liberté, ils ne tiennent pas longtemps contre les efforts redoublés du gouvernement ; c'est ainsi que la force résistante augmentant sans cesse, l'autorité souveraine s'évanouit à la fin, et que la plupart des cités tombent et périssent avant le temps.

Mais, entre l'autorité souveraine et le gouvernement arbitraire, il s'introduit quelquefois un pouvoir moyen dont il faut parler.

CHAPITRE XV.

Des Députés ou Représentants.

SITÔT que le service public cesse d'être la principale affaire des citoyens, et qu'ils aiment mieux servir de leur bourse que de leur personne, l'état est déja près de sa ruine. Faut-il marcher au combat? ils paient des troupes et restent chez eux. Faut-il aller au conseil? ils nomment des députés et restent chez eux. A force de paresse et d'argent, ils ont enfin des soldats pour asservir la patrie et des représentants pour la vendre.

C'est le tracas du commerce et des arts, c'est l'avide intérêt du gain, c'est la mollesse et l'amour des commodités, qui changent les services personnels en argent. On cède une partie de son profit pour l'augmenter à son aise. Donnez de l'argent, et bientôt vous aurez des fers. Ce mot de *finance* est un mot d'esclave; il est inconnu dans la cité. Dans un état vraiment libre, les citoyens font tout avec leurs bras et rien avec de l'argent : loin de payer pour s'exempter de leurs devoirs, il paieraient pour les remplir eux-mêmes. Je suis bien loin des idées communes, je crois les corvées moins contraires à la liberté que les taxes.

Mieux l'état est constitué, plus les affaires publiques l'emportent sur les privées dans l'esprit des citoyens. Il y a même beaucoup moins d'affaires privées, parce que la somme du bonheur commun fournissant une portion plus considérable à celui de chaque individu, il lui en reste moins à chercher dans les soins particuliers. Dans une cité bien conduite, chacun vole aux assemblées: sous un mauvais gouvernement, nul n'aime à faire un pas pour s'y rendre, parce que nul ne prend intérêt à ce qui s'y fait, qu'on prévoit que la volonté générale n'y dominera pas, et qu'enfin les soins domestiques absorbent tout. Les bonnes lois en font faire de meilleures, les mauvaises en amènent de pires. Sitôt que quelqu'un dit des affaires de l'état, *Que m'importe?* on doit compter que l'état est perdu.

L'attiédissement de l'amour de la patrie, l'activité de l'intérêt privé, l'immensité des états, les conquêtes, l'abus du gouvernement, ont fait imaginer la voie des députés ou représentants du peuple dans les assemblées de la nation. C'est ce qu'en certains pays on ose appeler le tiers-état. Ainsi, l'intérêt particulier de deux ordres est mis au premier et au second rang, l'intérêt public n'est qu'au troisième.

La souveraineté ne peut être représentée, par la même raison qu'elle ne peut être aliénée ; elle consiste essentiellement dans la volonté générale, et la volonté ne se représente point : elle est la même, ou elle est autre ; il n'y a point de milieu. Les députés du peuple ne sont donc ni ne peuvent être ses représentants ; ils ne sont que ses commissaires ; ils ne peuvent rien conclure définitivement. Toute loi que le peuple en personne n'a pas ratifiée est nulle ; ce n'est point une loi. Le peuple anglais pense être libre ; il se trompe fort, il ne l'est que durant l'élection des membres du parlement; sitôt qu'ils sont élus, il est esclave, il n'est rien. Dans les courts moments de sa liberté, l'usage qu'il en fait mérite bien qu'il la perde.

L'idée des représentants est moderne; elle nous vient du gouvernement féodal, de cet inique et absurde gouvernement dans lequel l'espèce humaine est dégradée, et où le nom d'homme est en déshonneur. Dans les anciennes républiques, et même dans les monarchies, jamais le peuple n'eut des représentants: on ne connaissait pas ce mot-là. Il est très-singulier qu'à Rome, où les tribuns étaient si sacrés, on n'ait pas même imaginé qu'ils pussent usurper les fonctions du peuple, et qu'au milieu d'une si grande multitude ils n'aient jamais tenté de passer de leur chef un seul plébiscite. Qu'on juge cependant de l'embarras que causait quelquefois la foule, par ce qui arriva du temps des Gracques, où une partie des citoyens donnait son suffrage de dessus les toits.

Où le droit et la liberté sont toutes choses, les inconvénients ne sont rien. Chez ce sage peuple tout était mis à sa juste mesure : il laissait faire à ses licteurs ce que ses tribuns n'eussent osé faire ; il ne craignait pas que ses licteurs voulussent le représenter.

Pour expliquer cependant comment les tribuns le représentaient quelquefois, il suffit de concevoir comment le gouvernement représente le souverain. La loi n'étant que la déclaration de la volonté générale, il est clair que dans la puissance législative le peuple ne peut être représenté ; mais il peut et doit l'être dans la puissance exécutive, qui n'est que la force appliquée à la loi. Ceci fait voir qu'en examinant bien les choses on trouverait que très-peu de nations ont des lois. Quoi qu'il en soit, il est sûr que les tribuns n'ayant aucune partie du pouvoir exécutif, ne purent jamais représenter le peuple romain par les droits de leurs charges, mais seulement en usurpant sur ceux du sénat.

Chez les Grecs, tout ce que le peuple avait à faire il le faisait par lui-même. Il était sans cesse assemblé sur la place; il habitait un climat doux; il n'était point avide; des esclaves faisaient ses travaux; sa grande affaire était sa liberté. N'ayant plus les mêmes avantages, comment conserver les mêmes droits? Vos climats plus durs vous donnent plus de besoins [1]; six mois de l'année la place publique n'est pas tenable; vos langues sourdes ne peuvent se faire entendre en plein air; vous donnez plus à votre gain qu'à votre liberté, et vous craignez bien moins l'esclavage que la misère.

Quoi! la liberté ne se maintient qu'à l'appui de la servitude? Peut-être. Les

---

[1] Adopter dans les pays froids le luxe et la mollesse des Orientaux, c'est vouloir se donner leurs chaînes, c'est s'y soumettre encore plus nécessairement qu'eux.

deux excès se touchent. Tout ce qui n'est point dans la nature a ses inconvénients, et la société civile plus que tout le reste. Il y a telles positions malheureuses où l'on ne peut conserver sa liberté qu'aux dépens de celle d'autrui, et où le citoyen ne peut être parfaitement libre, que l'esclave ne soit extrêmement esclave. Telle était la position de Sparte. Pour vous, peuples modernes, vous n'avez point d'esclaves, mais vous l'êtes; vous payez leur liberté de la vôtre. Vous avez beau vanter cette préférence; j'y trouve plus de lâcheté que d'humanité.

Je n'entends point par tout cela qu'il faille avoir des esclaves, ni que le droit d'esclavage soit légitime, puisque j'ai prouvé le contraire. Je dis seulement les raisons pourquoi les peuples modernes qui se croient libres ont des représentants, et pourquoi les peuples anciens n'en avaient pas. Quoi qu'il en soit, à l'instant qu'un peuple se donne des représentants, il n'est plus libre, il n'est plus.

Tout bien examiné, je ne vois pas qu'il soit désormais possible au souverain de conserver parmi nous l'exercice de ses droits si la cité n'est très-petite. Mais, si elle est très-petite, elle sera subjuguée ? Non. Je ferai voir ci-après[1] comment on peut réunir la puissance extérieure d'un grand peuple, avec la police aisée et le bon ordre d'un petit état.

CHAPITRE XVI.

Que l'institution du Gouvernement n'est point un contrat.

LE pouvoir législatif une fois bien établi, il s'agit d'établir de même le pouvoir exécutif; car ce dernier, qui n'o-

---

[1] C'est ce que je m'étais proposé de faire dans la suite de cet ouvrage, lorsqu'en traitant les relations externes j'en serais venu aux confédérations. Matière toute neuve, et où les principes sont encore à établir.

père que par des actes particuliers, n'é-
tant pas de l'essence de l'autre, en est
naturellement séparé. S'il était possible
que le souverain, considéré comme tel,
eût la puissance exécutive, le droit et le
fait seraient tellement confondus qu'on
ne saurait plus ce qui est loi et ce qui
ne l'est pas, et le corps politique ainsi
dénaturé serait bientôt en proie à la
violence contre laquelle il fut institué.

Les citoyens étant tous égaux par le
contrat social, ce que tous doivent faire
tous peuvent le prescrire, au lieu que
nul n'a droit d'exiger qu'un autre fasse
ce qu'il ne fait pas lui-même. Or, c'est
proprement ce droit, indispensable pour
faire vivre et mouvoir le corps politique, que le souverain donne au prince
en instituant le gouvernement.

Plusieurs ont prétendu que l'acte de
cet établissement était un contrat entre
le peuple et les chefs qu'il se donne ;
contrat par lequel on stipulait entre les
deux parties les conditions sous les-

quelles l'une s'obligeait à commander, et l'autre à obéir. On conviendra, je m'assure, que voilà une étrange manière de contracter! Mais voyons si cette opinion est soutenable.

Premièrement, l'autorité suprême ne peut pas plus se modifier que s'aliéner; la limiter c'est la détruire. Il est absurde et contradictoire que le souverain se donne un supérieur; s'obliger d'obéir à un maître, c'est se remettre en pleine liberté.

De plus, il est évident que ce contrat du peuple avec telles ou telles personnes, serait un acte particulier: d'où il suit que ce contrat ne saurait être une loi ni un acte de souveraineté, et que par conséquent il serait illégitime.

On voit encore que les parties contractantes seraient entre elles sous la seule loi de nature, et sans aucun garant de leurs engagements réciproques; ce qui répugne de toutes manières à l'état civil. Celui qui a la force en main étant toujours le maître de l'exécution, autant vaudrait donner le nom de contrat à l'acte d'un homme qui dirait à un autre : *Je vous donne tout mon bien, à condition que vous m'en rendrez ce qu'il vous plaira.*

Il n'y a qu'un contrat dans l'état, c'est celui de l'association ; et celui-là seul en exclut tout autre. On ne saurait imaginer aucun contrat public qui ne fût une violation du premier.

CHAPITRE XVII.

De l'institution du Gouvernement.

Sous quelle idée faut-il donc concevoir l'acte par lequel le gouvernement est institué ? Je remarquerai d'abord que cet acte est complexe ou composé de deux autres ; savoir, l'établissement de la loi, et l'exécution de la loi.

Par le premier, le souverain statue qu'il y aura un corps de gouvernement établi sous telle ou telle forme ; et il est clair que cet acte est une loi.

Par le second, le peuple nomme les chefs qui seront chargés du gouvernement établi. Or, cette nomination étant un acte particulier, n'est pas une seconde loi, mais seulement une suite de la première et une fonction du gouvernement.

La difficulté est d'entendre comment on peut avoir un acte de gouvernement avant que le gouvernement existe; et comment le peuple, qui n'est que souverain ou sujet, peut devenir prince ou magistrat dans certaines circonstances.

C'est encore ici que se découvre une de ces étonnantes propriétés du corps politique, par lesquelles il concilie des opérations contradictoires en apparence. Car celle-ci se fait par une conversion subite de la souveraineté en démocratie; ensorte que, sans aucun changement sensible, et seulement par une nouvelle relation de tous à tous, les citoyens devenus magistrats passent des actes généraux aux actes particuliers, et de la loi à l'exécution.

Ce changement de relation n'est point une subtilité de spéculation sans exemple dans la pratique : il a lieu tous les jours dans le parlement d'Angleterre, où la chambre-basse, en certaines occasions, se tourne en grand-comité pour mieux discuter les affaires, et devient ainsi simple commission, de cour souveraine qu'elle était l'instant précedent ; en telle sorte qu'elle se fait ensuite rapport à elle-même, comme chambre des communes, de ce qu'elle vient de régler en grand-comité, et délibère de nouveau sous un titre, de ce qu'elle a déja résolu sous un autre.

Tel est l'avantage propre au gouvernement démocratique, de pouvoir être établi dans le fait par un simple acte de la volonté générale. Après quoi ce gouvernement provisionnel reste en possession si telle est la forme adoptée, ou établit au nom du souverain le gouvernement prescrit par la loi, et tout se trouve ainsi dans la règle. Il n'est pas possible d'instituer le gouvernement d'aucune autre manière légitime, et sans renoncer aux principes ci-devant établis.

CHAPITRE XVIII.

Moyen de prévenir les usurpations du Gouvernement.

De ces éclaircissements il résulte, en confirmation du chapitre XVI, que l'acte qui institue le gouvernement n'est point un contrat, mais une loi; que les dépositaires de la puissance exécutive ne sont point les maîtres du peuple, mais ses officiers; qu'il peut les établir et les destituer quand il lui plaît; qu'il n'est point question pour eux de contracter, mais d'obéir; et qu'en se chargeant des fonctions que l'état leur impose ils ne font que remplir leur devoir de citoyens, sans avoir en aucune sorte le droit de disputer sur les conditions.

Quand donc il arrive que le peuple

institue un gouvernement héréditaire,
soit monarchique dans une famille, soit
aristocratique dans un ordre de citoyens,
ce n'est point un engagement qu'il prend;
c'est une forme provisionnelle qu'il donne à l'administration, jusqu'à ce qu'il
lui plaise d'en ordonner autrement.

Il est vrai que ces changements sont
toujours dangereux, et qu'il ne faut jamais toucher au gouvernement établi
que lorsqu'il devient incompatible avec
le bien public; mais cette circonspec-
tion est une maxime de politique, et non
pas une règle de droit; et l'état n'est
pas plus tenu de laisser l'autorité civile à ses chefs, que l'autorité militaire
à ses généraux.

Il est vrai encore qu'on ne saurait en
pareil cas observer avec trop de soin
toutes les formalités requises pour distinguer un acte régulier et légitime d'un
tumulte séditieux, et la volonté de tout
un peuple des clameurs d'une faction.
C'est ici sur-tout qu'il ne faut donner

au cas odieux que ce qu'on ne peut lui
refuser dans toute la rigueur du droit;
et c'est aussi de cette obligation que
le prince tire un grand avantage pour
conserver sa puissance malgré le peuple, sans qu'on puisse dire qu'il l'ait
usurpée : car en paraissant n'user que de
ses droits, il lui est fort aisé de les étendre, et d'empêcher, sous le prétexte du
repos public, les assemblées destinées à
rétablir le bon ordre; de sorte qu'il se
prévaut d'un silence qu'il empêche de
rompre, ou des irrégularités qu'il fait
commettre, pour supposer en sa faveur
l'aveu de ceux que la crainte fait taire,
et pour punir ceux qui osent parler.
C'est ainsi que les décemvirs ayant été
d'abord élus pour un an, puis continués
pour une autre année, tentèrent de retenir à perpétuité leur pouvoir, en ne
permettant plus aux comices de s'assembler; et c'est par ce facile moyen que
tous les gouvernements du monde, une
fois revêtus de la force publique, usur-

pent tôt ou tard l'autorité souveraine.

Les assemblées périodiques dont j'ai parlé ci-devant sont propres à prévenir ou différer ce malheur, sur-tout quand elles n'ont pas besoin de convocation formelle : car alors le prince ne saurait les empêcher sans se déclarer ouvertement infracteur des lois et ennemi de l'état.

L'ouverture de ces assemblées qui n'ont pour objet que le maintien du traité social, doit toujours se faire par deux propositions qu'on ne puisse jamais supprimer, et qui passent séparément par les suffrages :

La première, *S'il plaît au souverain de conserver la présente forme de gouvernement ;*

La seconde, *S'il plaît au peuple d'en laisser l'administration à ceux qui en sont actuellement chargés.*

Je suppose ici ce que je crois avoir démontré ; savoir, qu'il n'y a dans l'état aucune loi fondamentale qui ne se puisse

révoquer, non pas même le pacte social; car si tous les citoyens s'assemblaient pour rompre ce pacte d'un commun accord, on ne peut douter qu'il ne
fût très-légitimement rompu. Grotius
pense même que chacun peut renoncer
à l'état dont il est membre, et reprendre sa liberté naturelle et ses biens en
sortant du pays [1]. Or, il serait absurde
que tous les citoyens réunis ne pussent
pas ce que peut séparément chacun
d'eux.

[1] Bien entendu qu'on ne quitte pas pour éluder
son devoir, et se dispenser de servir sa patrie au
moment qu'elle a besoin de nous. La fuite alors
serait criminelle et punissable; ce ne serait plus
retraite, mais désertion.

DU

CONTRAT SOCIAL,

LIVRE QUATRIÈME.

CHAPITRE PREMIER.

Que la volonté générale est indestructible.

TANT que plusieurs hommes réunis
se considèrent comme un seul corps,
ils n'ont qu'une seule volonté, qui se
rapporte à la commune conservation et
au bien-être général. Alors tous les ressorts de l'état sont vigoureux et simples, ses maximes sont claires et lu-
mineuses; il n'a point d'intérêts em-
brouillés, contradictoires; le bien commun se montre par-tout avec évidence,
et ne demande que du bon sens pour
être aperçu. La paix, l'union, l'égalité
sont ennemies des subtilités politiques.

Les hommes droits et simples sont difficiles à tromper à cause de leur simplicité : les leurres, les prétextes raffinés ne leur en imposent point; ils ne sont pas même assez fins pour être dupes. Quand on voit chez le plus heureux peuple du monde des troupes de paysans régler les affaires de l'état sous un chêne et se conduire toujours sagement, peut-on s'empêcher de mépriser les raffinements des autres nations, qui se rendent illustres et misérables avec tant d'art et de mystères ?

Un état ainsi gouverné a besoin de très-peu de lois, et, à mesure qu'il devient nécessaire d'en promulguer de nouvelles, cette nécessité se voit universellement. Le premier qui les propose ne fait que dire ce que tous ont déja senti, et il n'est question ni de brigues ni d'éloquence pour faire passer en loi ce que chacun a déja résolu de faire, sitót qu'il sera sûr que les autres le feront comme lui.

Ce qui trompe les raisonneurs, c'est que, ne voyant que des états mal constitués dès leur origine, ils sont frappés de l'impossibilité d'y maintenir une semblable police. Ils rient d'imaginer toutes les sottises qu'un fourbe adroit, un parleur insinuant pourraient persuader au peuple de Paris ou de Londres. Ils ne savent pas que Cromwel eût été mis aux sonnétes par le peuple de Berne, et le duc de Beaufort à la discipline par les Genevois.

Mais quand le nœud social commence à se relâcher et l'état à s'affaiblir, quand les intérêts particuliers commencent à se faire sentir et les petites sociétés à influer sur la grande, l'intérêt commun s'altère et trouve des opposants; l'unanimité ne règne plus dans les voix, la volonté générale n'est plus la volonté de tous; il s'élève des contradictions, des débats, et le meilleur avis ne passe point sans disputes.

Enfin, quand l'état près de sa ruine

ne subsiste plus que par une forme illusoire et vaine, que le lien social est rompu dans tous les cœurs, que le plus vil intérêt se pare effrontément du nom sacré du bien public, alors la volonté générale devient muette; tous guidés par des motifs secrets n'opinent pas plus comme citoyens que si l'état n'eût jamais existé, et l'on fait passer faussement sous le nom de lois, des décrets iniques qui n'ont pour but que l'intérêt particulier.

S'ensuit-il de là que la volonté générale soit anéantie ou corrompue ? Non ; elle est toujours constante, inaltérable et pure ; mais elle est subordonnée à d'autres qui l'emportent sur elle. Chacun, détachant son intérêt de l'intérêt commun, voit bien qu'il ne peut l'en séparer tout-à-fait ; mais sa part du mal public ne lui paraît rien auprès du bien exclusif qu'il prétend s'approprier. Ce bien particulier excepté, il veut le bien général pour son propre intérêt tout aussi fortement qu'aucun autre. Même en vendant son suffrage à prix d'argent, il n'éteint pas en lui la volonté générale ; il l'élude. La faute qu'il commet est de changer l'état de la question, et de répondre autre chose que ce qu'on lui demande : ensorte qu'au lieu de dire par son suffrage, *Il est avantageux à l'état*, il dit, *Il est avantageux à tel homme ou à tel parti que tel ou tel avis passe.* Ainsi la loi de l'ordre public dans les assemblées n'est pas tant d'y maintenir la volonté générale, que de faire qu'elle soit toujours interrogée et qu'elle réponde toujours.

J'aurais ici bien des réflexions à faire sur le simple droit de voter dans tout acte de souveraineté, droit que rien ne peut ôter aux citoyens ; et sur celui d'opiner, de proposer, de diviser, de discuter, que le gouvernement a toujours grand soin de ne laisser qu'à ses membres : mais cette importante matière demanderait un traité à part, et je ne puis tout dire dans celui-ci.

CHAPITRE

Des Suffrages.

ON voit par le chapitre précédent, que la manière dont se traitent les affaires générales peut donner un indice assez sûr de l'état actuel des mœurs, et de la santé du corps politique. Plus le concert regne dans les assemblées, c'est-à-dire, plus les avis approchent de l'unanimité, plus aussi la volonté générale est dominante ; mais les longs débats, les dissentions, le tumulte, annoncent l'ascendant des intérêts particuliers et le déclin de l'état.

Ceci paraît moins évident quand deux ou plusieurs ordres entrent dans sa constitution, comme à Rome les patriciens et les plebeiens, dont les querelles troublerent souvent les comices, même dans les plus beaux temps de la république ; mais cette exception est plus apparente que réelle, car alors par le vice inhérent

au corps politique, on a pour ainsi dire
deux états en un. Ce qui n'est pas vrai
des deux ensemble, est vrai de chacun
séparément. Et en effet, dans les temps
même les plus orageux, les plebiscites
du peuple, quand le sénat ne s'en mê-
lait pas, passaient toujours tranquillement et à la grande pluralité des suffrages : les citoyens n'ayant qu'un intérêt,
le peuple n'avait qu'une volonté.

A l'autre extrémité du cercle l'unanimité revient : c'est quand les citoyens
tombés dans la servitude n'ont plus ni
liberté ni volonté. Alors la crainte et la
flatterie changent en acclamations les
suffrages ; on ne délibère plus, on adore
ou l'on maudit. Telle était la vile manière d'opiner du sénat sous les empereurs. Quelquefois cela se faisait avec
des précautions ridicules. Tacite observe que sous Othon les sénateurs, ac-
cablant Vitellius d'exécrations, affec-
taient de faire en même temps un bruit
épouvantable, afin que, si par hasard

il devenait le maître, il ne pût savoir ce que chacun d'eux avait dit.

De ces diverses considérations naissent les maximes sur lesquelles on doit régler la manière de compter les voix et de comparer les avis, selon que la volonté générale est plus ou moins facile à connaître, et l'état plus ou moins déclinant.

Il n'y a qu'une seule loi qui par sa nature exige un consentement unanime. C'est le pacte social : car l'association civile est l'acte du monde le plus volontaire ; tout homme étant né libre et maître de lui-même, nul ne peut, sous quelque prétexte que ce puisse être, l'assujettir sans son aveu. Décider que le fils d'un esclave naît esclave, c'est décider qu'il ne naît pas homme.

Si donc, lors du pacte social, il s'y trouve des opposants, leur opposition n'invalide pas le contrat ; elle empêche seulement qu'ils n'y soient compris ; ce sont des étrangers parmi les citoyens.

Quand l'état est institué, le consentement est dans la résidence ; habiter le territoire, c'est se soumettre à la souveraineté [1].

Hors ce contrat primitif, la voix du plus grand nombre oblige toujours tous les autres ; c'est une suite du contrat même. Mais on demande comment un homme peut être libre, et forcé de se conformer à des volontés qui ne sont pas les siennes. Comment les opposants sont-ils libres, et soumis à des lois auxquelles ils n'ont pas consenti ?

Je réponds que la question est mal posée. Le citoyen consent à toutes les lois, même à celles qu'on passe malgré lui, et même à celles qui le punissent quand il ose en violer quelqu'une. La

---

[1] Ceci doit toujours s'entendre d'un état libre : car d'ailleurs la famille, les biens, le défaut d'asyle, la nécessité, la violence, peuvent retenir un habitant dans le pays malgré lui ; et alors son séjour seul ne suppose plus son consentement au contrat ou à la violation du contrat.

volonté constante de tous les membres de l'état est la volonté générale; c'est par elle qu'ils sont citoyens et libres [2]. Quand on propose une loi dans l'assemblée du peuple, ce qu'on leur demande n'est pas précisément s'ils approuvent la proposition ou s'ils la rejettent, mais si elle est conforme ou non à la volonté générale qui est la leur ; chacun en donnant son suffrage dit son avis là-dessus, et du calcul des voix se tire la déclaration de la volonté générale. Quand donc l'avis contraire au mien l'emporte, cela ne prouve autre chose sinon que je m'étais trompé, et que ce que j'estimais être la volonté générale ne l'était pas. Si mon

[2] A Gênes on lit au devant des prisons et sur les fers des galériens ce mot, *Libertas*. Cette application de la devise est belle et juste. En effet, il n'y a que les malfaiteurs de tous états qui empêchent le citoyen d'être libre. Dans un pays où tous ces gens-là seraient aux galères, on jouirait de la plus parfaite liberté.

avis particulier l'eût emporté, j'aurais fait autre chose que ce que j'avais voulu ; c'est alors que je n'aurais pas été libre.

Ceci suppose, il est vrai, que tous les caractères de la volonté générale sont encore dans la pluralité : quand ils cessent d'y être, quelque parti qu'on prenne il n'y a plus de liberté.

En montrant ci-devant comment on substituait des volontés particulières à la volonté générale dans les délibérations publiques, j'ai suffisamment indiqué les moyens praticables de prévenir cet abus ; j'en parlerai encore ci-après. A l'égard du nombre proportionnel des suffrages pour déclarer cette volonté, j'ai aussi donné les principes sur lesquels on peut le déterminer. La différence d'une seule voix rompt l'égalité ; un seul opposant rompt l'unanimité ; mais entre l'unanimité et l'égalité il y a plusieurs partages inégaux, à chacun desquels on peut fixer ce nombre, selon l'état et les besoins du corps politique.

Deux maximes générales peuvent servir à régler ces rapports : l'une, que plus les délibérations sont importantes et graves, plus l'avis qui l'emporte doit approcher de l'unanimité : l'autre, que plus l'affaire agitée exige de célérité, plus on doit resserrer la différence prescrite dans le partage des avis ; dans les délibérations qu'il faut terminer sur le champ, l'excédent d'une seule voix doit suffire. La première de ces maximes paraît plus convenable aux lois, et la seconde aux affaires. Quoi qu'il en soit, c'est sur leur combinaison que s'établissent les meilleurs rapports qu'on peut donner à la pluralité pour prononcer.

CHAPITRE III.

Des Elections.

A L'ÉGARD des élections du prince et des magistrats, qui sont, comme je l'ai dit, des actes complexes, il y a deux voies pour y procéder, savoir ; le choix et le sort. L'une et l'autre ont été employées en diverses républiques, et l'on voit encore actuellement un mélange très-compliqué des deux dans l'élection du doge de Venise.

Le suffrage par le sort, dit Montesquieu, *est de la nature de la démocratie.* J'en conviens, mais comment cela? *Le sort*, continue-t-il, *est une façon d'élire qui n'afflige personne ; il laisse à chaque citoyen une espérance raisonnable de servir la patrie.* Ce ne sont pas là des raisons.

Si l'on fait attention que l'élection des chefs est une fonction du gouvernement et non de la souveraineté, on verra pourquoi la voie du sort est plus dans la nature de la démocratie, où l'administration est d'autant meilleure que les actes en sont moins multipliés.

Dans toute véritable démocratie la magistrature n'est pas un avantage, mais une charge onéreuse, qu'on ne peut justement imposer à un particulier plutôt qu'à un autre. La loi seule peut imposer cette charge à celui sur qui le sort tombera : car alors la condition étant égale pour tous, et le choix ne dépendant d'aucune volonté humaine, il n'y a point d'application particulière qui altère l'universalité de la loi.

Dans l'aristocratie le prince choisit le prince, le gouvernement se conserve par lui-même, et c'est-là que les suffrages sont bien placés.

L'exemple de l'élection du doge de Venise confirme cette distinction loin de la détruire ; cette forme mêlée convient dans un gouvernement mixte. Car c'est une erreur de prendre le gouvernement de Venise pour une véritable aristocratie. Si le peuple n'y a nulle part au gouvernement, la noblesse y est peuple elle-même. Une multitude de pauvres barnabotes n'approcha jamais d'aucune magistrature, et n'a de sa noblesse que le vain titre d'excellence et le droit d'assister au grand-conseil. Ce grand-conseil étant aussi nombreux que notre conseil général à Genève, ses illustres membres n'ont pas plus de priviléges que nos simples citoyens. Il est certain qu'ôtant l'extrême disparité des deux républiques, la bourgeoisie de Genève représente exactement le patriciat véni-tien, nos natifs et habitants représen-tent les citadins et le peuple de Venise, nos paysans représentent les sujets de terre-ferme. Enfin, de quelque manière que l'on considère cette république, abstraction faite de sa grandeur, son gouvernement n'est pas plus aristocra-tique que le nôtre : toute la différence est que, n'ayant aucun chef à vie, nous n'avons pas le même besoin du sort.

Les élections par sort auraient peu d'inconvénient dans une véritable dé-mocratie où tout étant égal, aussi bien par les mœurs et par les talents que par les maximes et par la fortune, le choix deviendrait presque indifférent. Mais j'ai déja dit qu'il n'y avait point de vé-ritable démocratie.

Quand le choix et le sort se trouvent mêlés, le premier doit remplir les places qui demandent des talents propres, telles que les emplois militaires : l'autre convient à celles où suffisent le bon sens, la justice, l'intégrité, telles que les charges de judicature, parce que dans un état bien constitué ces qualités sont communes à tous les citoyens.

Le sort ni les suffrages n'ont aucun lieu dans le gouvernement monarchique. Le monarque étant de droit seul prince et magistrat unique, le choix de ses lieutenants n'appartient qu'à lui. Quand l'abbé de Saint-Pierre proposait de multiplier les conseils du roi de France et d'en élire les membres par scrutin, il ne voyait pas qu'il proposait de changer la forme du gouvernement.

Il me resterait à parler de la manière de donner et de recueillir les voix dans l'assemblée du peuple ; mais peut-être l'historique de la police romaine à cet égard expliquera-t-il plus sensiblement toutes les maximes que je pourrais établir. Il n'est pas indigne d'un lecteur judicieux de voir un peu en détail comment se traitaient les affaires publiques et particulières dans un conseil de deux cent mille hommes.

CHAPITRE IV.

Des Comices Romains.

Nous n'avons nuls monuments bien assurés des premiers temps de Rome; il y a même grande apparence que la plupart des choses qu'on en débite sont des fables [3] ; et en général la partie la plus instructive des annales des peuples, qui est l'histoire de leur établissement, est celle qui nous manque le plus. L'ex-

[3] Le nom de *Rome*, qu'on prétend venir de *Romulus*, est grec, et signifie *force* ; le nom de *Numa* est grec aussi, et signifie *loi*. Quelle apparence que les deux premiers rois de cette ville aient porté d'avance des noms si bien relatifs à ce qu'ils ont fait ?

périence nous apprend tous les jours de quelles causes naissent les révolutions des empires; mais, comme il ne se forme plus de peuple, nous n'avons guère que des conjectures pour expliquer comment ils se sont formés.

Les usages qu'on trouve établis attestent au moins qu'il y eut une origine à ces usages. Des traditions qui remontent à ces origines, celles qu'appuient les plus grandes autorités et que de plus fortes raisons confirment, doivent passer pour les plus certaines. Voilà les maximes que j'ai tâché de suivre en recherchant comment le plus libre et le plus puissant peuple de la terre exerçait son pouvoir suprême.

Après la fondation de Rome la république naissante, c'est-à-dire, l'armée du fondateur, composée d'Albains, de Sabins et d'étrangers, fut divisée en trois classes, qui de cette division prirent le nom de *tribus*. Chacune de ces tribus fut subdivisée en dix curies, et chaque curie en décuries, à la tête desquelles on mit des chefs, appelés *curions* et *décurions*.

Outre cela, on tira de chaque tribu un corps de cent cavaliers ou chevaliers, appelé centurie : par où l'on voit que ces divisions, peu nécessaires dans un bourg, n'étaient d'abord que militaires. Mais il semble qu'un instinct de grandeur portait la petite ville de Rome à se donner d'avance une police convenable à la capitale du monde.

De ce premier partage résulta bientôt un inconvénient : c'est que la tribu des Albains [4] et celle des Sabins [5] restant toujours au même état, tandis que celle des étrangers [6] croissait sans cesse par le concours perpétuel de ceux-ci, cette dernière ne tarda pas à surpasser les deux autres. Le remède que Servius trouva à ce dangereux abus fut de changer la

4 *Ramnenses.*

5 *Tatienses.*

6 *Luceres.*

division, et à celle des races qu'il abolit, d'en substituer une autre, tirée des lieux de la ville occupés par chaque tribu. Au lieu de trois tribus il en fit quatre, chacune desquelles occupait une des collines de Rome et en portait le nom. Ainsi, remédiant à l'inégalité présente, il la prévint encore pour l'avenir; et afin que cette division ne fût pas seulement de lieux mais d'hommes, il défendit aux habitants d'un quartier de passer dans un autre, ce qui empêcha les races de se confondre.

Il doubla aussi les trois anciennes centuries de cavalerie, et y en ajouta douze autres, mais toujours sous les anciens noms : moyen simple et judicieux par lequel il acheva de distinguer le corps des chevaliers de celui du peuple, sans faire murmurer ce dernier.

A ces quatre tribus urbaines Servius en ajouta quinze autres, appelées tribus rustiques, parce qu'elles étaient formées des habitants de la campagne partagés

en autant de cantons. Dans la suite on
on en fit autant de nouvelles, et le peuple romain se trouva enfin divisé en trente-cinq tribus ; nombre auquel elles restèrent fixées jusqu'à la fin de la république.

De cette distinction des tribus de la ville et des tribus de la campagne résulta un effet digne d'être observé, parce qu'il n'y en a point d'autre exemple, et que Rome lui dut à-la-fois la conservation de ses mœurs et l'accroissement de son empire. On croirait que les tribus urbaines s'arrogèrent bientôt la puissance et les honneurs, et ne tardèrent pas d'avilir les tribus rustiques : ce fut tout le contraire. On connaît le goût des premiers Romains pour la vie champêtre. Ce goût leur venait du sage instituteur qui unit à la liberté les travaux rustiques et militaires, et relégua pour ainsi dire à la ville les arts, les métiers, l'intrigue, la fortune et l'esclavage.

Ainsi, tout ce que Rome avait d'illustre vivant aux champs et cultivant les terres, on s'accoutuma à né chercher que là les soutiens de la république. Cet état étant celui des plus dignes patriciens fut honoré de tout le monde : la vie simple et laborieuse des villageois fut préférée à la vie oisive et lâche des bourgeois de Rome ; et tel n'eût été qu'un malheureux prolétaire à la ville, qui, laboureur aux champs, devint un citoyen respecté. Ce n'est pas sans raison, disait Varron, que nos magnanimes ancêtres établirent au village la pépinière de ces robustes et vaillants hommes qui les défendaient en temps de guerre, et les nourrissaient en temps de paix. Pline dit positivement que les tribus des champs étaient honorées à cause des hommes qui les composaient, au lieu qu'on transférait par ignominie dans celles de la ville les lâches qu'on voulait avilir. Le Sabin Appius Claudius étant venu s'établir à Rome y fut com-

'blé d'honneurs et inscrit dans une tribu rustique, qui prit dans la suite le nom de sa famille. Enfin les affranchis entraient dans toutes les tribus urbaines, jamais dans les rurales ; et il n'y a pas durant toute la république un seul exemple d'aucun de ces affranchis parvenu à aucune magistrature, quoique devenu citoyen.

Cette maxime était excellente ; mais elle fut poussée si loin, qu'il en résulta enfin un changement et certainement un abus dans la police.

Premièrement, le censeurs, après s'être arrogé longtemps le droit de transférer arbitrairement les citoyens d'une tribu à l'autre, permirent à la plupart de se faire inscrire dans celle qu'il leur plaisait ; permission qui sûrement n'était bonne à rien, et ôtait un des grands ressorts de la censure. De plus, les grands et les puissants se faisant tous inscrire dans les tribus de la campagne, et les affranchis devenus citoyens restant avec la populace dans celles de la ville, les tribus en général n'eurent plus de lieu ni de territoire ; mais toutes se trouvèrent tellement mêlées qu'on ne pouvait plus discerner les membres de chacune que par les registres, ensorte que l'idée du mot *tribu* passa ainsi du réel au personnel, ou plutôt, devint presque une chimère.

Il arriva encore que les tribus de la ville, étant plus à portée, se trouvèrent souvent les plus fortes dans les comices, et vendirent l'état à ceux qui daignaient acheter les suffrages de la canaille qui les composait.

A l'égard des curies, l'instituteur en ayant fait dix en chaque tribu, tout le peuple romain alors renfermé dans les murs de la ville, se trouva composé de trente curies, dont chacune avait ses temples, ses dieux, ses officiers, ses prêtres et ses fêtes appelées *compitalia*, semblables aux *paganalia* qu'eurent dans la suite les tribus rustiques.

Au nouveau partage de Servius ce nombre de trente ne pouvant se répartir également dans ses quatres tribus, il n'y voulut point toucher, et les curies indépendantes des tribus devinrent une autre division des habitants de Rome : mais il ne fut point question de curies ni dans les tribus rustiques, ni dans le peuple qui les composait, parce que les tribus étant devenues un établissement purement civil, et une autre police ayant été introduite pour la levée des troupes, les divisions militaires de Romulus se trouvèrent superflues. Ainsi, quoique tout citoyen fût inscrit dans une tribu, il s'en fallait beaucoup que chacun ne le fût dans une curie.

Servius fit encore une troisième division qui n'avait aucun rapport aux deux précédentes, et devint par ses effets la plus importante de toutes. Il distribua tout le peuple romain en six classes, qu'il ne distingua ni par le lieu ni par les hommes, mais par les biens :

ensorte que les premières classes étaient remplies par les riches, les dernières par les pauvres, et les moyennes par ceux qui jouissaient d'une fortune médiocre. Ces six classes étaient subdivisées en 193 autres corps appelés centuries; et ces corps étaient tellement distribués, que la première classe en comprenait seule plus de la moitié, et la dernière n'en formait qu'un seul. Il se trouva ainsi que la classe la moins nombreuse en hommes l'était le plus en centuries, et que la dernière classe entière n'était comptée que pour une subdivision, bien qu'elle contînt seule plus de la moitié des habitants de Rome.

Afin que le peuple pénétrât moins les conséquences de cette dernière forme, Servius affecta de lui donner un air militaire : il inséra dans la seconde classe deux centuries d'armuriers, et deux d'instruments de guerre dans la quatrième. Dans chaque classe, excepté la dernière, il distingua les jeunes et les vieux, c'est-à-dire, ceux qui étaient obligés de porter les armes, et ceux que leur âge en exemptait par les lois : distinction qui, plus que celle des biens, produisit la nécessité de recommencer souvent le cens ou dénombrement. Enfin il voulut que l'assemblée se tînt au champ-de-mars, et que tous ceux qui étaient en âge de servir y vinssent avec leurs armes.

La raison pour laquelle il ne suivit pas dans la dernière classe cette même division des jeunes et des vieux, c'est qu'on n'accordait point à la populace dont elle était composée, l'honneur de porter les armes pour la patrie : il fallait avoir des foyers pour obtenir le droit de les défendre ; et de ces innombrables troupes de gueux dont brillent aujourd'hui les armées des rois, il n'y en a pas un peut-être qui n'eût été chassé avec dédain d'une cohorte romaine, quand les soldats étaient les défenseurs de la liberté.

On distingua pourtant encore dans la dernière classe les *prolétaires* de ceux qu'on appelait *capite censi*. Les premiers, non tout-à-fait réduits à rien, donnaient au moins des citoyens à l'état, quelquefois même des soldats dans les besoins pressants. Pour ceux qui n'avaient rien du tout, et qu'on ne pouvait dénombrer que par leurs têtes, ils étaient tout-à-fait regardés comme nuls, et Marius fut le premier qui daigna les enrôler.

Sans décider ici si ce troisième dénombrement était bon ou mauvais en lui-même, je crois pouvoir affirmer qu'il n'y avait que les mœurs simples des premiers Romains, leur désintéressement, leur goût pour l'agriculture, leur mépris pour le commerce et pour l'ardeur du gain, qui pussent le rendre praticable. Où est le peuple moderne chez lequel la dévorante avidité, l'esprit inquiet, l'intrigue, les déplacements continuels, les perpétuelles révolutions des fortunes, pussent laisser durer vingt ans un pareil établissement sans bouleverser tout l'état ? Il faut même bien remarquer que les mœurs et la censure, plus fortes que cette institution, en corrigèrent le vice à Rome, et que tel riche se vit relégué dans la classe des pauvres, pour avoir trop étalé sa richesse.

De tout ceci l'on peut comprendre aisément pourquoi il n'est presque jamais fait mention que de cinq classes, quoiqu'il y en eût réellement six. La sixième, ne fournissant ni soldats à l'armée ni votants au champ-de-mars [7], et n'étant presque d'aucun usage dans la république, était rarement comptée pour quelque chose.

Telles furent les différentes divisions du peuple romain. Voyons à présent l'effet qu'elles produisaient dans les assem-

[7] Je dis au *champ-de-mars*, parce que c'était là que s'assemblaient les comices par centuries ; dans les deux autres formes le peuple s'assemblait au forum ou ailleurs, et alors les *capite censi* avaient autant d'influence et d'autorité que les premiers citoyens.

blées. Ces assemblées légitimement convoquées s'appelaient *comices*; elles se tenaient ordinairement dans la place de Rome ou au champ-de-mars, et se distinguaient en comices par curies, comices par centuries, et comices par tribus, selon celle de ces trois formes sur laquelle elles étaient ordonnées. Les comices par curies étaient de l'institution de Romulus; ceux par centuries, de Servius; ceux par tribus, des tribuns du peuple. Aucune loi ne recevait la sanction, aucun magistrat n'était élu que dans les comices; et comme il n'y avait aucun citoyen qui ne fût inscrit dans une curie, dans une centurie ou dans une tribu, il s'ensuit qu'aucun citoyen n'était exclu du droit de suffrage, et que le peuple romain était véritablement souverain de droit et de fait.

Pour que les comices fussent légitimement assemblés, et que ce qui s'y faisait eût force de loi, il fallait trois conditions : la première, que le corps ou le magistrat qui les convoquait fût revêtu pour cela de l'autorité nécessaire; la seconde, que l'assemblée se fît un des jours permis par la loi; la troisième, que les augures fussent favorables.

La raison du premier réglement n'a pas besoin d'être expliquée. Le second est une affaire de police : ainsi il n'était pas permis de tenir les comices les jours de ferie et de marché, où les gens de la campagne venant à Rome pour leurs affaires, n'avaient pas le temps de passer la journée dans la place publique. Par le troisième le sénat tenait en bride un peuple fier et remuant, et tempérait à propos l'ardeur des tribuns séditieux; mais ceux-ci trouvèrent plus d'un moyen de se délivrer de cette gêne.

Les lois et l'élection des chefs n'étaient pas les seuls points soumis au jugement des comices : le peuple romain ayant usurpé les plus importantes fonctions du gouvernement, on peut dire que le sort de l'Europe était réglé dans ses assemblées. Cette variété d'objets donnait lieux aux diverses formes que prenaient ces assemblées, selon les matières sur lesquelles il avait à prononcer.

Pour juger de ces diverses formes il suffit de les comparer. Romulus, en instituant les curies, avait en vue de contenir le sénat par le peuple et le peuple par le sénat, en dominant également sur tous. Il donna donc au peuple par cette forme toute l'autorité du nombre, pour balancer celle de la puissance et des richesses qu'il laissait aux patriciens : mais, selon l'esprit de la monarchie, il laissa cependant plus d'avantage aux patriciens par l'influence de leurs clients sur la pluralité des suffrages. Cette admirable institution des patrons et des clients fut un chef-d'œuvre de politique et d'humanité, sans lequel le patriciat, si contraire à l'esprit de la république, n'eût pu subsister. Rome seule a eu l'honneur de donner au monde ce bel exemple, duquel il ne résulta jamais d'abus, et qui pourtant n'a jamais été suivi.

Cette même forme des curies ayant subsisté sous les rois jusqu'à Servius, et le règne du dernier Tarquin n'étant point compté pour légitime, cela fit distinguer généralement les lois royales par le nom de *leges curiatæ*.

Sous la république les curies, toujours bornées aux quatre tribus urbaines et ne contenant plus que la populace de Rome, ne pouvaient convenir ni au sénat qui était à la tête des patriciens, ni aux tribuns qui, quoique plébéiens, étaient à la tête des citoyens aisés. Elles tombèrent donc dans le discrédit, et leur avilissement fut tel, que leurs trente licteurs assemblés faisaient ce que les comices par curies auraient dû faire.

La division par centuries était si favorable à l'aristocratie, qu'on ne voit pas d'abord comment le sénat ne l'emportait pas toujours dans les comices qui portaient ce nom, et par lesquels

étaient élus les consuls, les censeurs,
et les autres magistrats curules. En effet, des cent quatre-vingt-treize centuries qui formaient les six classes de tout
le peuple romain, la première classe en
comprenant quatre-vingt-dix-huit, et les
voix ne se comptant que par centuries,
cette seule première classe l'emportait
en nombre de voix sur toutes les autres.
Quand toutes ses centuries étaient d'accord, on ne continuait pas même à recueillir les suffrages ; ce qu'avait décidé
le plus petit nombre passait pour une
décision de la multitude ; et l'on peut
dire que dans les comices par centuries,
les affaires se réglaient à la pluralité des
écus bien plus qu'à celle des voix.

Mais cette extrême autorité se tempérait par deux moyens. Premièrement
les tribuns pour l'ordinaire, et toujours
un grand nombre de plébéiens, étant
dans la classe des riches, balançaient
le crédit des patriciens dans cette première classe.

Le second moyen consistait en ceci, qu'au lieu de faire d'abord voter les centuries selon leur ordre, ce qui aurait toujours fait commencer par la première, on en tirait une au sort, et celle-là [8] procédait seule à l'election ; après quoi toutes les centuries appelées un autre jour selon leur rang répétaient la même élection, et la confirmaient ordinairement. On ôtait ainsi l'autorité de l'exemple au rang pour la donner au sort, selon le principe de la democratie.

Il résultait de cet usage un autre avantage encore ; c'est que les citoyens de la campagne avaient le temps entre les deux élections de s'informer du mérite du candidat provisionnellement nommé, afin de ne donner leur voix qu'avec connaissance de cause. Mais, sous prétexte de célérité, l'on vint à bout d'abolir

[8] Cette centurie ainsi tirée au sort s'appelait *præ rogativa*, à cause qu'elle était la première à qui l'on demandait son suffrage ; et c'est de là qu'est venu le mot de *prérogative*.

cet usage, et les deux élections se firent le même jour.

Les comices par tribus étaient proprement le conseil du peuple romain. Ils ne se convoquaient que par les tribuns; les tribuns y étaient élus et y passaient leurs plébiscites. Non-seulement le sénat n'y avait point de rang, il n'avait pas même le droit d'y assister; et, forcés d'obéir à des lois sur lesquelles ils n'avaient pu voter, les sénateurs à cet égard étaient moins libres que les derniers citoyens. Cette injustice était tout-à-fait mal entendue, et suffisait seule pour invalider les décrets d'un corps où tous ses membres n'étaient pas admis. Quand tous les patriciens eussent assisté à ces comices selon le droit qu'ils en avaient comme citoyens, devenus alors simples particuliers ils n'eussent guère influé sur une forme de suffrages qui se recueillaient par tête, et où le moindre prolétaire pouvait autant que le prince du sénat.

On voit donc qu'outre l'ordre qui résultait de ces diverses distributions pour le recueillement des suffrages d'un si grand peuple, ces distributions ne se réduisaient pas à des formes indifférentes en elles-mêmes, mais que chacune avait des effets relatifs aux vues qui la faisaient préférer.

Sans entrer là-dessus en de plus longs détails, il résulte des éclaircissements précédents, que les comices par tribus étaient les plus favorables au gouvernement populaire, et les comices par centuries à l'aristocratie. A l'égard des comices par curies, où la seule populace de Rome formait la pluralité, comme ils n'étaient bons qu'à favoriser la tyrannie et les mauvais desseins, ils durent tomber dans le décri, les séditieux eux-mêmes s'abstenant d'un moyen qui mettait trop à découvert leurs projets. Il est certain que toute la majesté du peuple romain ne se trouvait que dans les comices par centuries, qui seuls étaient complets ; attendu que dans les comices par curies manquaient les tribus rustiques, et dans les comices par tribus le sénat et les patriciens.

Quant à la manière de recueillir les suffrages, elle était chez les premiers Romains aussi simple que leurs mœurs, quoique moins simple encore qu'à Sparte. Chacun donnait son suffrage à haute voix ; un greffier les écrivait à mesure. Pluralité de voix dans chaque tribu déterminait le suffrage de la tribu, pluralité de voix entre les tribus déterminait le suffrage du peuple, et ainsi des curies et des centuries. Cet usage était bon tant que l'honnêteté regnait entre les citoyens, et que chacun avait honte de donner publiquement son suffrage à un avis injuste ou à un sujet indigne ; mais quand le peuple se corrompit, et qu'on acheta les voix, il convint qu'elles se donnassent en secret pour contenir les acheteurs par la défiance, et fournir aux fripons le moyen de n'être pas des traîtres.

Je sais que Cicéron blâme ce changement, et lui attribue en partie la ruine de la république. Mais quoique je sente le poids que doit avoir ici l'autorité de Cicéron, je ne puis être de son avis. Je pense au contraire, que, pour n'avoir pas fait assez de changements semblables, on accéléra la perte de l'état. Comme le régime des gens sains n'est pas propre aux malades, il ne faut pas vouloir gouverner un peuple corrompu par les mêmes lois qui conviennent à un bon peuple. Rien ne prouve mieux cette maxime que la durée de la république de Venise, dont le simulacre existe encore, uniquement parce que ses lois ne conviennent qu'à de méchants hommes.

On distribua donc aux citoyens des tablettes par lesquelles chacun pouvait voter sans qu'on sût quel était son avis. On établit aussi de nouvelles formalités pour le recueillement des tablettes, le compte des voix, la comparaison des nombres, etc. Ce qui n'empécha pas que la fidelité des officiers chargés de ces fonctions [9] ne fût souvent suspectée. On fit enfin, pour empécher la brigue et le trafic des suffrages, des édits dont la multitude montre l'inutilité.

Vers les derniers temps, on était souvent contraint de recourir à des expédients extraordinaires pour suppléer à l'insuffisance des lois. Tantôt on supposait des prodiges ; mais ce moyen qui pouvait en imposer au peuple, n'en imposait pas à ceux qui le gouvernaient : tantôt on convoquait brusquement une assemblée, avant que les candidats eussent eu le temps de faire leurs brigues : tantôt on consumait toute une séance à parler, quand on voyait le peuple gagné prêt à prendre un mauvais parti : mais enfin l'ambition éluda tout ; et ce qu'il y a d'incroyable, c'est qu'au milieu de tant d'abus, ce peuple immense, à la faveur de ses anciens réglements, ne

9 Custodes, Diribitores, Rogatores suffragiorum.

laissait pas d'élire les magistrats, de passer les lois, de juger les causes, d'expédier les affaires particulières et publiques, presque avec autant de facilité qu'eût pu faire le sénat lui-même.

CHAPITRE V.

Du Tribunat.

QUAND on ne peut établir une exacte proportion entre les parties constitutives de l'état, ou que des causes indestructibles en altèrent sans cesse les rapports, alors on institue une magistrature particulière qui ne fait point corps avec les autres, qui replace chaque terme dans son vrai rapport, et qui fait une liaison ou un moyen terme, soit entre le prince et le peuple, soit entre le prince et le souverain, soit à la fois des deux côtés s'il est nécessaire.

Ce corps que j'appellerai *Tribunat,* est le conservateur des lois et du pouvoir législatif. Il sert quelquefois à protéger le souverain contre le gouvernement, comme faisaient à Rome les tribuns du peuple ; quelquefois à soutenir le gouvernement contre le peuple, comme fait maintenant à Venise le conseil des Dix ; et quelquefois à maintenir l'équilibre de part et d'autre, comme faisaient les éphores à Sparte.

Le tribunat n'est point une partie constitutive de la cité, et ne doit avoir aucune portion de la puissance législative ni de l'exécutive ; mais c'est en cela même que la sienne est plus grande : car ne pouvant rien faire, il peut tout empêcher. Il est plus sacré et plus révéré comme défenseur des lois, que le prince qui les exécute et que le souverain qui les donne. C'est ce qu'on vit bien clairement à Rome quand ces fiers patriciens, qui méprisèrent toujours le peuple entier, furent forcés de fléchir devant un simple officier du peuple, qui n'avait ni auspices ni juridiction.

Le tribunat sagement tempéré est le

plus ferme appui d'une bonne constitution ; mais, pour peu de force qu'il ait
de trop, il renverse tout. A l'égard de
sa faiblesse, elle n'est pas dans sa nature ; et pourvu qu'il soit quelque chose,
il n'est jamais moins qu'il ne faut.

Il dégénère en tyrannie quand il usurpe
la puissance exécutive dont il n'est que
le modérateur, et qu'il veut dispenser
les lois qu'il ne doit que protéger. L'é-
norme pouvoir des éphores, qui fut sans
danger tant que Sparte conserva ses
mœurs, en accéléra la corruption com-
mencée. Le sang d'Agis égorgé par ces
tyrans, fut vengé par son successeur : le
crime et le châtiment des éphores hâ-
tèrent également la perte de la république ; et après Cléomène, Sparte ne fut
plus rien. Rome périt encore par la même
voie, et le pouvoir excessif des tribuns
usurpé par degrés servit enfin, à l'aide
des lois faites pour la liberté, de sauve-
garde aux empereurs qui la détruisirent.
Quant au conseil des Dix à Venise, c'est

un tribunal de sang, horrible également aux patriciens et au peuple, et qui, loin de protéger hautement les lois, ne sert plus, après leur avilissement, qu'à porter dans les ténèbres des coups qu'on n'ose apercevoir.

Le tribunat s'affaiblit comme le gouvernement par la multiplication de ses membres. Quand les tribuns du peuple romain, d'abord au nombre de deux, puis de cinq, voulurent doubler ce nombre, le sénat les laissa faire, bien sûr de contenir les uns par les autres; ce qui ne manqua pas d'arriver.

Le meilleur moyen de prévenir les usurpations d'un si redoutable corps, moyen dont nul gouvernement ne s'est avisé jusqu'ici, serait de ne pas rendre ce corps permanent, mais de régler des intervalles durant lesquels il resterait supprimé. Ces intervalles, qui ne doivent pas être assez grands pour laisser aux abus le temps de s'affermir, peuvent être fixés par la loi, de manière qu'il soit aisé de les abréger au besoin par des commissions extraordinaires.

Ce moyen me paraît sans inconvénient, parce que, comme je l'ai dit, le tribunat ne faisant point partie de la constitution, peut être ôté sans qu'elle en souffre ; et il me paraît efficace, parce qu'un magistrat nouvellement rétabli ne part point du pouvoir qu'avait son prédécesseur, mais de celui que la loi lui donne.

CHAPITRE VI.

De la Dictature.

L'INFLEXIBILITÉ des lois, qui les empêche de se plier aux événements, peut en certains cas les rendre pernicieuses, et causer par elles la perte de l'état dans sa crise. L'ordre et la lenteur des formes demandent un espace de temps que les circonstances refusent quelquefois. Il peut se présenter mille cas auxquelles le législateur n'a point pourvu ;

et c'est une prévoyance très - nécessaire de sentir qu'on ne peut tout prévoir.

Il ne faut donc pas vouloir affermir les institutions politiques jusqu'à s'ôter le pouvoir d'en suspendre l'effet. Sparte elle - même a laissé dormir ses lois.

Mais il n'y a que les plus grands dangers qui puissent balancer celui d'altérer l'ordre public, et l'on ne doit jamais arrêter le pouvoir sacré des lois, que quand il s'agit du salut de la patrie. Dans ces cas rares et manifestes on pourvoit à la sûreté publique par un acte particulier qui en remet la charge au plus digne. Cette commission peut se donner de deux manieres, selon l'espèce du danger.

Si pour y remédier il suffit d'augmenter l'activité du gouvernement, on le concentre dans un ou deux de ses membres; ainsi ce n'est pas l'autorité des lois qu'on altère, mais seulement la forme de leur administration. Que si le péril est tel que l'appareil des lois soit un obstacle à s'en garantir, alors on nomme un chef suprême qui fasse taire toutes les lois et suspende un moment l'autorité souveraine; en pareil cas la volonté générale n'est pas douteuse, et il est évident que la première intention du peuple est que l'état ne périsse pas. De cette manière la suspension de l'autorité législative ne l'abolit point : le magistrat qui la fait taire ne peut la faire parler, il la domine sans pouvoir la représenter; il peut tout faire, excepté des lois.

Le premier moyen s'employait par le sénat romain, quand il chargeait les consuls, par une formule consacrée, de pourvoir au salut de la république; le second avait lieu quand un desdeux consuls nommait un dictateur[10], usage dont Albe avait donné l'exemple à Rome.

10 Cette nomination se faisait de nuit et en secret, comme si l'on avait eu honte de mettre un homme au dessus des lois.

tait question que du dedans de la ville, et tout au plus de quelque province d'Italie, avec l'autorité sans bornes que les lois donnaient au dictateur il eût facilement dissipé la conjuration, qui ne fut étouffée que par un concours d'heureux hasards que jamais la prudence humaine ne devait attendre.

Au lieu de cela, le sénat se contenta de remettre tout son pouvoir aux consuls: d'où il arriva que Cicéron, pour agir efficacement, fut contraint de passer ce pouvoir dans un point capital, et que, si les premiers transports de joie firent approuver sa conduite, ce fut avec justice que dans la suite on lui demanda compte du sang des citoyens versé contre les lois; reproche qu'on n'eût pu faire à un dictateur. Mais l'éloquence du consul entraîna tout; et lui-même, quoique Romain, aimant mieux sa gloire que sa patrie, ne cherchait pas tant le moyen le plus légitime et le plus sûr de sauver l'état, que celui d'avoir tout l'honneur de cette affaire [11]. Aussi fut-il honoré justement comme libérateur de Rome, et justement puni comme infracteur des lois. Quelque brillant qu'ait été son rappel, il est certain que ce fut une grace.

Au reste, de quelque manière que cette importante commission soit conférée, il importe d'en fixer la durée à un terme très-court qui jamais ne puisse être prolongé ; dans les crises qui la font etablir, l'état est bientôt détruit ou sauvé ; et, passé le besoin pressant, la dictature devient tyrannique ou vaine. A Rome les dictateurs ne l'étant que pour six mois, la plupart abdiquèrent avant ce terme. Si le terme eût été plus long, peut-être eussent-ils été tentés de le prolonger encore, comme firent les décemvirs celui d'une année. Le dicta-

---

[11] C'est ce dont il ne pouvait se répondre en proposant un dictateur, n'osant se nommer lui-même, et ne pouvant s'assurer que son collègue le nommerait.

teur n'avait que le temps de pourvoir au besoin qui l'avait fait élire, il n'avait pas celui de songer à d'autres projets.

CHAPITRE VII.

De la Censure.

DE même que la déclaration de la volonté générale se fait par la loi, la déclaration du jugement public se fait par la censure : l'opinion publique est l'espèce de loi dont le censeur est le ministre, et qu'il ne fait qu'appliquer aux cas particuliers, à l'exemple du prince.

Loin donc que le tribunal censorial soit l'arbitre de l'opinion du peuple, il n'en est que le déclarateur ; et sitôt qu'il s'en écarte, ses décisions sont vaines et sans effet.

Il est inutile de distinguer les mœurs d'une nation des objets de son estime ; car tout cela tient au même principe, et se confond nécessairement. Chez tous les peuples du monde, ce n'est point la nature, mais l'opinion qui décide du choix de leurs plaisirs. Redressez les opinions des hommes, et leurs mœurs s'épureront d'elles-mêmes. On aime toujours ce qui est beau ou ce qu'on trouve tel, mais c'est sur ce jugement qu'on se trompe : c'est donc ce jugement qu'il s'agit de régler. Qui juge des mœurs juge de l'honneur, et qui juge de l'honneur prend sa loi de l'opinion.

Les opinions d'un peuple naissent de sa constitution ; quoique la loi ne règle pas les mœurs, c'est la législation qui les fait naître : quand la législation s'affaiblit, les mœurs dégénèrent ; mais alors le jugement des censeurs ne fera pas ce que la force des lois n'aura pas fait.

Il suit delà, que la censure peut être utile pour conserver les mœurs, jamais pour les rétablir. Etablissez des censeurs durant la vigueur des lois ; sitôt qu'elles l'ont perdue, tout est désespéré ; rien de légitime n'a plus de force lorsque les lois n'en ont plus.

La censure maintient les mœurs, en empêchant les opinions de se corrompre, en conservant leur droiture par de sages applications, quelquefois même en les fixant lorsqu'elles sont encore incertaines. L'usage des seconds dans les duels, porté jusqu'à la fureur dans le royaume de France, y fut aboli par ces seuls mots d'un édit du roi : *Quant à ceux qui ont la lâcheté d'appeler des seconds.* Ce jugement prévenant celui du public le détermina tout d'un coup. Mais quand les mêmes édits voulurent prononcer que c'était aussi une lâcheté de se battre en duel, ce qui est très-vrai, mais contraire à l'opinion commune, le public se moqua de cette décision sur laquelle son jugement était déjà porté.

J'ai dit ailleurs [12] que l'opinion publi-

[12] Je ne fais qu'indiquer dans ce chapitre ce que j'ai traité plus au long dans la **Lettre à M. d'Alembert.**

que n'étant point soumise à la contrainte, il n'en fallait aucun vestige dans le tribunal établi pour la représenter. On ne peut trop admirer avec quel art ce ressort, entièrement perdu chez les modernes, était mis en œuvre chez les Romains, et mieux chez les Lacédémoniens.

Un homme de mauvaises mœurs ayant ouvert un bon avis dans le conseil de Sparte, les éphores sans en tenir compte firent proposer le même avis par un citoyen vertueux. Quel honneur pour l'un, quelle note pour l'autre, sans avoir donné ni louange ni blâme à aucun des deux ! Certains ivrognes de Samos [13] souillèrent le tribunal des éphores : le lendemain, par édit public, il fut permis aux Samiens d'être des vilains. Un vrai châtiment eût été moins sévère qu'une pareille impunité. Quand Sparte a prononcé sur ce qui est ou n'est pas hon-

[13] Ils étaient d'une autre île, que la délicatesse de notre langue défend de nommer dans cette occasion,

nête, la Grèce n'appelle pas de ses ju-
gements.

CHAPITRE VIII.

De la Religion civile.

LES hommes n'eurent point d'abord
d'autres rois que les dieux, ni d'autre
gouvernement que le théocratique. Ils
firent le raisonnement de Caligula, et
alors ils raisonnaient juste. Il faut une
longue altération de sentiments et d'i-
dées pour qu'on puisse se résoudre à
prendre son semblable pour maître, et
se flatter qu'on s'en trouvera bien.

De cela seul qu'on mettait Dieu à la
tête de chaque société politique, il s'en-
suivit qu'il y eut autant de dieux que de
peuples. Deux peuples étrangers l'un à
l'autre, et presque toujours ennemis,
ne purent longtemps reconnaître un
même maître : deux armées se livrant
bataille ne sauraient obéir au même chef.
Ainsi, des divisions nationales résulta le

polythéisme, et delà l'intolérance théologique et civile qui naturellement est
la même, comme il sera dit ci-après.

La fantaisie qu'eurent les Grecs de
retrouver leurs dieux chez les peuples
barbares, vint de celle qu'ils avaient
aussi de se regarder comme les souverains
naturels de ces peuples. Mais c'est de
nos jours une érudition bien ridicule que
celle qui roule sur l'identité des dieux
de diverses nations ; comme si Moloch,
Saturne et Chronos pouvaient être le
même dieu ; comme si le Baal des Phé-
niciens, le Zeus des Grecs et le Jupiter
des Latins pouvaient être le même ;
comme s'il pouvait rester quelque chose
commune à des êtres chimériques portant des noms différents.

Que si l'on demande comment dans
le paganisme, où chaque état avait son
culte et ses dieux, il n'y avait point de
guerres de religion ? je réponds que c'é-
tait par cela même que chaque état,

ayant son culte propre aussi bien que son gouvernement, ne distinguait point ses dieux de ses lois. La guerre politique était aussi théologique : les départemens des dieux étaient, pour ainsi dire, fixés par les bornes des nations. Le dieu d'un peuple n'avait aucun droit sur les autres peuples. Les dieux des payens n'étaient point des dieux jaloux ; ils partageaient entre eux l'empire du monde. Moïse même et le peuple hébreu se prêtaient quelquefois à cette idée en parlant du dieu d'Israël. Ils regardaient, il est vrai, comme nuls les dieux des Cananéens, peuples proscrits, voués à la destruction, et dont ils devaient occuper la place ; mais voyez comment ils parlaient des divinités des peuples voisins qu'il leur était défendu d'attaquer ! *La possession de ce qui appartient à Chamos votre dieu*, disait Jephté aux Ammonites, *ne vous est-elle pas légitimement due ? Nous possédons au même* titre les *terres que notre Dieu vainqueur s'est acquises* [14]. C'était là, ce me semble, une parité bien reconnue entre les droits de Chamos et ceux du dieu d'Israël.

Mais quand les Juifs, soumis aux rois de Babylone, et dans la suite aux rois de Syrie, voulurent s'obstiner à ne reconnaître aucun autre dieu que le leur, ce refus, regardé comme une rebellion contre le vainqueur, leur attira les persécutions qu'on lit dans leur histoire, et dont on ne voit aucun autre exemple avant le christianisme [15].

[14] *Nonne ea quæ possidet Chamos deus tuus, tibi jure debentur?* Tel est le texte de la vulgate. Le père de Carrières a traduit : « Ne croyez-vous pas « avoir droit de posséder ce qui appartient à Chamos « votre dieu? » J'ignore la force du texte hébreu; mais je vois que dans la vulgate, Jephté reconnaît positivement le droit du dieu Chamos, et que le traducteur français affaiblit cette reconnaissance par un *selon vous* qui n'est pas dans le latin.

[15] Il est de la dernière évidence que la guerre des Phocéens, appelée guerre sacrée, n'était point une guerre de religion. Elle avait pour objet de punir des sacrilèges, et non de soumettre des mécréans.

Chaque religion étant donc uniquement attachée aux lois de l'état qui la prescrivait, il n'y avait point d'autre manière de convertir un peuple que de l'asservir, ni d'autres missionnaires que les conquérants ; et l'obligation de changer de culte étant la loi des vaincus, il fallait commencer par vaincre avant d'en parler. Loin que les hommes combattissent pour les dieux, c'étaient, comme dans Homère, les dieux qui combattaient pour les hommes ; chacun demandait au sien la victoire, et la payait par de nouveaux autels. Les Romains, avant de prendre une place, sommaient ses dieux de l'abandonner ; et quand ils laissaient aux Tarentins leurs dieux irrités, c'est qu'ils regardaient alors ces dieux comme soumis aux leurs et forcés de leur faire hommage : ils laissaient aux vaincus leurs dieux, comme ils leur laissaient leurs lois. Une couronne au Jupiter du capitole était souvent le seul tribut qu'ils imposaient.

Enfin les Romains ayant étendu avec leur empire leur culte et leurs dieux, et ayant souvent eux-mêmes adopté ceux des vaincus en accordant aux uns et aux autres le droit de cité, les peuples de ce vaste empire se trouvèrent insensiblement avoir des multitudes de dieux et de cultes, à peu près les mêmes par-tout; et voilà comment le paganisme ne fut enfin dans le monde connu qu'une seule et même religion.

Ce fut dans ces circonstances que Jésus vint établir sur la terre un royaume spirituel; ce qui, séparant le système théologique du système politique, fit que l'état cessa d'être un, et causa les divisions intestines qui n'ont jamais cessé d'agiter les peuples chrétiens. Or, cette idée nouvelle d'un royaume de l'autre monde n'ayant pu jamais entrer dans la tête des payens, ils regardèrent toujours les chrétiens comme de vrais rebelles qui, sous une hypocrite soumission, ne cherchaient que le moment de se rendre indépendants et maîtres, et d'usurper adroitement l'autorité qu'ils feignaient de respecter dans leur faiblesse. Telle fut la cause des persécutions.

Ce que les payens avaient craint est arrivé : alors tout a changé de face; les humbles chrétiens ont changé de langage; et bientôt on a vu ce prétendu royaume de l'autre monde devenir, sous un chef visible, le plus violent despotisme dans celui-ci.

Cependant, comme il y a toujours eu un prince et des lois civiles, il a résulté de cette double puissance un perpétuel conflit de juridiction qui a rendu toute bonne politie impossible dans les états chrétiens, et l'on n'a jamais pu venir à bout de savoir auquel du maître ou du prêtre on était obligé d'obéir.

Plusieurs peuples cependant, même dans l'Europe ou à son voisinage, ont voulu conserver ou rétablir l'ancien système, mais sans succès; l'esprit du christianisme a tout gagné. Le culte sacré est toujours resté ou redevenu indépendant du souverain, et sans liaison nécessaire avec le corps de l'état. Mahomet eut des vues très-saines, il lia bien son système politique ; et tant que la forme de son gouvernement subsista sous les Califes ses successeurs, ce gouvernement fut exactement un, et bon en cela. Mais les Arabes devenus florissants, lettrés, polis, mous et lâches, furent subjugués par des barbares : alors la division entre les deux puissances recommença. Quoiqu'elle soit moins apparente chez les mahométans que chez les chrétiens, elle y est pourtant, sur-tout dans la secte d'Ali ; et il y a des états, tels que la Perse, où elle ne cesse de se faire sentir.

Parmi nous, les rois d'Angleterre se sont établis chefs de l'eglise ; autant en on fait les czars : mais par ce titre ils s'en sont moins rendus les maitres que les ministres ; ils ont moins acquis le droit de la changer que le pouvoir de la maintenir ; ils n'y sont pas législateurs, ils n'y sont que princes. Par-tout où le clergé fait un corps [16], il est maître et législateur dans sa patrie. Il y a donc deux puissances, deux souverains, en Angleterre et en Russie, tout comme ailleurs.

De tous les auteurs chrétiens le philosophe Hobbes est le seul qui ait bien vu le mal et le remède, qui ait osé proposer de réunir les deux têtes de l'aigle, et de tout ramener à l'unité politique, sans laquelle jamais état ni gouvernement ne sera bien constitué. Mais il a

[16] Il faut bien remarquer que ce ne sont pas tant des assemblées formelles, comme celles de France, qui lient le clergé en un corps, que la communion des églises. La communion et l'excommunication sont le pacte social du clergé, pacte avec lequel il sera toujours le maître des peuples et des rois. Tous les prêtres qui communiquent ensemble sont concitoyens, fussent-ils des deux bouts du monde. Cette invention est un chef-d'œuvre en politique. Il n'y avait rien de semblable parmi les prêtres payens ; aussi n'ont-ils jamais fait un corps de clergé.

dû voir que l'esprit dominateur du christianisme était incompatible avec son système, et que l'intérêt du prêtre serait toujours plus fort que celui de l'état. Ce n'est pas tant ce qu'il y a d'horrible et de faux dans sa politique, que ce qu'il y a de juste et de vrai, qui l'a rendue odieuse [17].

Je crois qu'en développant sous ce point de vue les faits historiques, on réfuterait aisément les sentiments opposés de Bayle et de Warbuton, dont l'un prétend que nulle religion n'est utile au corps politique, et dont l'autre soutient au contraire que le christianisme en est le plus ferme appui. On prouverait au premier, que jamais état ne fut fondé que la religion ne lui servît de base; et

[17] Voyez entre autres dans une lettre de Grotius à son frère, du 11 avril 1643, ce que ce savant homme approuve et ce qu'il blâme dans le livre *de Cive*. Il est vrai que, porté à l'indulgence, il paraît pardonner à l'auteur le bien en faveur du mal; mais tout le monde n'est pas si clément.

au second, que la loi chrétienne est au fond plus nuisible qu'utile à la forte constitution de l'état. Pour achever de me faire entendre, il ne faut que donner un peu plus de précision aux idées trop vagues de religion relatives à mon sujet.

La religion considérée par rapport à la société, qui est ou générale ou particulière, peut aussi se diviser en deux espèces, savoir : la religion de l'homme, et celle du citoyen. La première, sans temples, sans autels, sans rites, bornée au culte purement intérieur du Dieu suprême et aux devoirs éternels de la morale, est la pure et simple religion de l'évangile, le vrai théisme, et ce qu'on peut appeler le droit divin naturel. L'autre, inscrite dans un seul pays, lui donne ses dieux, ses patrons propres et tutélaires; elle a ses dogmes, ses rites, son culte extérieur prescrit par des lois : hors la seule nation qui la suit, tout est pour elle infidèle, étranger, barbare ; elle n'étend les devoirs et les droits de l'homme qu'aussi loin que ses autels. Telles furent toutes les religions des premiers peuples, auxquelles on peut donner le nom de droit divin civil ou positif.

Il y a une troisième sorte de religion plus bizarre, qui donnant aux hommes deux législations, deux chefs, deux patries, les soumet à des devoirs contradictoires, et les empêche de pouvoir être à la fois dévots et citoyens. Telle est la religion des Lamas, telle est celle des Japonais, tel est le christianisme romain. On peut appeler celle-ci la religion du prêtre. Il en résulte une sorte de droit mixte et insociable qui n'a point de nom.

A considérer politiquement ces trois sortes de religions, elles ont toutes leurs défauts. La troisième est si évidemment mauvaise, que c'est perdre le temps de s'amuser à le démontrer. Tout ce qui rompt l'unité sociale ne vaut rien : toutes les institutions qui mettent l'homme en contradiction avec lui-même ne valent rien.

La seconde est bonne, en ce qu'elle réunit le culte divin et l'amour des lois, et que faisant de la patrie l'objet de l'adoration des citoyens, elle leur apprend que servir l'état c'est en servir le dieu tutélaire. C'est une espèce de théocratie, dans laquelle on ne doit point avoir d'autre pontife que le prince, ni d'autres prêtres que les magistrats. Alors mourir pour son pays c'est aller au martyre ; violer les lois, c'est être impie ; et soumettre un coupable à l'exécration publique, c'est le dévouer au courroux des Dieux : *sacer estod.*

Mais elle est mauvaise, en ce qu'étant fondée sur l'erreur et sur le mensonge, elle trompe les hommes, les rend crédules, superstitieux, et noie le vrai culte de la divinité dnas un vain cérémonial. Elle est mauvaise encore quand, devenant exclusive et tyrannique, elle rend un peuple sanguinaire et intolérant, ensorte qu'il ne respire que meurtre et massacre, et croit faire une action sainte en tuant quiconque n'admet pas ses dieux. Cela met un tel peuple dans un état naturel de guerre avec tous les autres, très-nuisible à sa propre sûreté.

Reste donc la religion de l'homme ou le christianisme; non pas celui d'aujourd'hui, mais celui de l'évangile, qui en est tout-à-fait différent. Par cette religion sainte, sublime, véritable, les hommes, enfants du même Dieu, se reconnaissent tous pour frères, et la société qui les unit ne se dissout pas même à la mort.

Mais cette religion n'ayant nulle relation particulière avec le corps politique, laisse la seule force aux lois qu'elles tirent d'elles-mêmes sans leur en ajouter aucune autre, et par-là un des grands liens de la société particulière reste sans effet. Bien plus, loin d'attacher les cœurs des citoyens à l'état, elle les en détache comme de toutes les choses de la terre. Je ne connais rien de plus contraire à l'esprit social.

On nous dit qu'un peuple de vrais chrétiens formerait la plus parfaite société que l'on puisse imaginer. Je ne vois à cette supposition qu'une grande difficulté ; c'est qu'une société de vrais chrétiens ne serait plus une société d'hommes.

Je dis même que cette société supposée ne serait, avec toute sa perfection, ni la plus forte ni la plus durable : à force d'être parfaite, elle manquerait de liaison ; son vice destructeur serait dans sa perfection même.

Chacun remplirait son devoir ; le peuple serait soumis aux lois ; les chefs seraient justes et modérés ; les magistrats intègres, incorruptibles ; les soldats mépriseraient la mort ; il n'y aurait ni vanité ni luxe. Tout cela est fort bien ; mais voyons plus loin.

Le christianisme est une religion toute

spirituelle, occupée uniquement des choses du ciel : la patrie du chrétien n'est pas de ce monde. Il fait son devoir, il est vrai ; mais il le fait avec une, profonde indifférence sur le bon ou mauvais succès de ses soins. Pourvu qu'il n'ait rien à se reprocher, peu lui importe que tout aille bien ou mal ici-bas. Si l'état est florissant, à peine ose-t-il jouir de la félicité publique, il craint de s'enorgueillir de la gloire de son pays ; si l'état dépérit, il bénit la main de Dieu qui s'appesantit sur son peuple.

Pour que la société fût paisible et que l'harmonie se maintînt, il faudrait que tous les citoyens sans exception fussent également bons chrétiens : mais si malheureusement il s'y trouve un seul ambitieux, un seul hypocrite, un Catilina par exemple, un Cromwel, celui-là très-certainement aura bon marché de ses pieux compatriotes. La charité chrétienne ne permet pas aisément de penser mal de son prochain : dès qu'il aura trou-

vé par quelque ruse, l'art de leur en imposer et de s'emparer d'une partie de
l'autorité publique, voilà un homme
constitué en dignité ; Dieu veut qu'on
le respecte : bientôt voilà une puissance ;
Dieu veut qu'on lui obéisse. Le dépositaire de cette puissance en abuse-t-il ?
c'est la verge dont Dieu punit ses enfants. On se ferait conscience de chas-
ser l'usurpateur ; il faudrait troubler le
repos public, user de violence, verser
du sang : tout cela s'accorde mal avec
la douceur du chrétien. Et après tout,
qu'importe qu'on soit libre ou serf dans
cette vallée de misères ? L'essentiel est
d'aller en paradis, et la résignation n'est
qu'un moyen de plus pour cela.

Survient-il quelque guerre étrangère ?
les citoyens marchent sans peine au combat, nul d'entre eux ne songe à fuir ;
ils font leur devoir, mais sans passion
pour la victoire ; ils savent plutôt mourir que vaincre. Qu'ils soient vainqueurs
ou vaincus, qu'importe ? la providence

ne sait-elle pas mieux qu'eux ce qu'il leur faut ? Qu'on imagine quel parti un ennemi fier, impétueux, passionné peut tirer de leur stoïcisme ? Mettez vis-à-vis d'eux ces peuples généreux que dévorait l'ardent amour de la gloire et de la patrie, supposez votre république chrétienne vis-à-vis de Sparte ou de Rome ; les pieux chrétiens seront battus, écrasés, détruits avant d'avoir eu le temps de se reconnaître, ou ne devront leur salut qu'au mépris que leur ennemi concevra pour eux. C'était un beau serment à mon gré que celui des soldats de Fabius : ils ne jurèrent pas de mourir ou de vaincre ; ils jurèrent de revenir vainqueurs, et tinrent leur serment. Jamais des chrétiens n'en eussent fait un pareil : ils auraient cru tenter Dieu.

Mais je me trompe en disant une république chrétienne ; chacun de ces deux mots exclut l'autre. Le christianisme ne prêche que servitude et dépendance. Son esprit est trop favorable à la tyrannie pour qu'elle n'en profite pas toujours. Les vrais chrétiens sont faits pour être esclaves: ils le savent et ne s'en émeuvent guère; cette courte vie a trop peu de prix à leurs yeux.

Les troupes chrétiennes sont excellentes, nous dit-on. Je le nie. Qu'on m'en montre de telles? Quant à moi, je ne connais point de troupes chrétiennes. On me citera les Croisades. Sans disputer sur la valeur des Croisés, je remarquerai que bien loin d'être des chrétiens, c'étaient des soldats du prêtre, c'étaient des citoyens de l'église; ils se battaient pour son pays spirituel, qu'elle avait rendu temporel on ne sait comment. A le bien prendre, ceci rentre sous le paganisme : comme l'évangile n'établit point une religion nationale, toute guerre sacrée est impossible parmi les chrétiens.

Sous les empereurs payens les soldats chrétiens étaient braves : tous les auteurs chrétiens l'assurent, et je le crois : c'était une émulation d'honneur contre les troupes payennes. Dès que les empereurs furent chrétiens, cette émulation ne subsista plus; et quand la croix eut chassé l'aigle, toute la valeur romaine disparut.

Mais, laissant à part les considérations politiques, revenons au droit, et fixons les principes sur ce point important. Le droit que le pacte social donne au souverain sur les sujets, ne passe point, comme je l'ai dit, les bornes de l'utilité publique [18]. Les sujets ne doivent donc compte au souverain de leurs opinions,

[18] « Dans la république, dit le marquis d'Argenson, chacun est parfaitement libre en ce qui ne nuit pas aux autres. » Voilà la borne invariable : on ne peut la poser plus exactement. Je n'ai pu me refuser au plaisir de citer quelquefois ce manuscrit, quoique non connu du public, pour rendre honneur à la mémoire d'un homme illustre et respectable, qui avait conservé jusque dans le ministère le cœur d'un vrai citoyen, et des vues droites et saines sur le gouvernement de son pays.

qu'autant que ces opinions importent à la communauté. Or, il importe bien à l'état que chaque citoyen ait une religion qui lui fasse aimer ses devoirs; mais les dogmes de cette religion n'intéressent ni l'état, ni ses membres, qu'autant que ces dogmes se rapportent à la morale, et aux devoirs que celui qui la professe est tenu de remplir envers autrui. Chacun peut avoir au surplus telles opinions qu'il lui plaît, sans qu'il appartienne au souverain d'en connaître : car, comme il n'a point de compétence dans l'autre monde, quel que soit le sort des sujets dans la vie à venir, ce n'est pas son affaire, pourvu qu'ils soient bons citoyens dans celle-ci.

Il y a donc une profession de foi purement civile dont il appartient au souverain de fixer les articles, non pas précisément comme dogmes de religion, mais comme sentiments de sociabilité, sans lesquels il est impossible d'être bon citoyen ni sujet fidèle [19]. Sans pouvoir obliger personne à les croire, il peut bannir de l'état quiconque ne les croit pas ; il peut le bannir, non comme impie, mais comme insociable, comme incapable d'aimer sincérement les lois, la justice, et d'immoler au besoin sa vie à son devoir. Que si quelqu'un, après avoir reconnu publiquement ces mêmes dogmes, se conduit comme ne les croyant pas, qu'il soit puni de mort : il a commis le plus grand des crimes, il a menti devant les lois.

Les dogmes de la religion civile doivent être simples, en petit nombre, énoncés avec précision, sans explications ni commentaires. L'existence de

[19] César plaidant pour Catilina tâchait d'établir le dogme de la mortalité de l'ame. Caton et Cicéron, pour le réfuter, ne s'amusèrent point à philosopher : ils se contentèrent de montrer que César parlait en mauvais citoyen, et avançait une doctrine pernicieuse à l'état. En effet, voilà de quoi devait juger le sénat de Rome, et non d'une question de théologie.

la divinité puissante, intelligente, bien-
faisante, prévoyante et pourvoyante
la vie à venir, le bonheur des justes,
le châtiment des méchants, la sainteté
du contrat social et des lois; voilà les
dogmes positifs. Quant aux dogmes né-
gatifs, je les borne à un seul; c'est l'intolérance : elle rentre dans les cultes que
nous avons exclus.

Ceux qui distinguent l'intolérance civile et l'intolérance théologique se trom-
pent, à mon avis : ces deux intolérances
sont inséparables. Il est impossible de
vivre en paix avec des gens qu'on croit
damnés; les aimer serait haïr Dieu qui
les punit; il faut absolument qu'on les
ramène ou qu'on les tourmente. Partout
où l'intolérance théologique est admise,
il est impossible qu'elle n'ait pas quelque effet civil [20]; et sitôt qu'elle en a, le

[20] Le mariage, par exemple, étant un contrat
civil, a des effets civils sans lesquels il est même
impossible que la société subsiste. Supposons donc
qu'un clergé vienne à bout de s'attribuer à lui seul

souverain n'est plus souverain, même au temporel : dès-lors les prêtres sont les vrais maîtres, les rois ne sont que leurs officiers.

le droit de passer cet acte ; droit qu'il doit nécessairement usurper dans toute religion intolérante. Alors n'est-il pas clair qu'en faisant valoir à propos l'autorité de l'église il rendra vaine celle du prince, qui n'aura plus de sujets que ceux que le clergé voudra bien lui donner ? Maître de marier ou de ne pas marier les gens, selon qu'ils auront ou n'auront pas telle ou telle doctrine, selon qu'ils admettront ou rejetteront tel ou tel formulaire, selon qu'ils lui seront plus ou moins dévoués, en se conduisant prudemment et tenant ferme, n'est-il pas clair qu'il disposera seul des héritages, des charges, des citoyens, de l'état même qui ne saurait subsister n'étant plus composé que de bâtards ? Mais, dira-t-on, l'on appellera comme d'abus, on ajournera, décrétera, saisira le temporel. Quelle pitié ! Le clergé, pour peu qu'il ait, je ne dis pas de courage, mais de bon sens, laissera faire et ira son train ; il laissera tranquillement appeler, ajourner, décréter, saisir, et finira par rester le maître. Ce n'est pas, ce me semble, un grand sacrifice d'abandonner une partie, quand on est sûr de s'emparer du tout.

Maintenant qu'il n'y a plus et qu'il ne peut plus y avoir de religion nationale exclusive, on doit tolérer toutes celles qui tolèrent les autres, autant que leurs dogmes n'ont rien de contraire aux devoirs du citoyen. Mais quiconque ose dire, *Hors de l'église point de salut*, doit être chassé de l'état, à moins que l'état ne soit l'église, et que le prince ne soit le pontife. Un tel dogme n'est bon que dans un gouvernement théocratique ; dans tout autre il est pernicieux. La raison sur laquelle on dit que Henri IV embrassa la religion romaine la devrait faire quitter à tout honnête homme, et surtout à tout prince qui saurait raisonner.

CHAPITRE IX.

Conclusion.

Après avoir posé les vrais principes du droit politique et tâché de fonder l'état sur sa base, il resterait à l'appuyer par ses relations externes; ce qui comprendrait le droit des gens, le commerce, le droit de la guerre et les conquêtes, le droit public, les ligues, les négociations, les traités, etc. Mais tout cela forme un nouvel objet trop vaste pour ma courte vue; j'aurais dû la fixer toujours plus près de moi.

FIN.

TABLE DES LIVRES

ET

DES CHAPITRES.

LIVRE Ier,

Où l'on recherche comment l'homme passe de l'état de nature à l'état civil, et quelles sont les conditions essentielles du pacte.

L I V R E   I I,

Où il est traité de la Législation.

LIVRE III.

Où il est traité des Lois politiques, c'est-à-dire, de la forme du Gouvernement.

LIVRE IV,

Où, continuant de traiter des Lois politiques, on expose les moyens d'affermir la constitution de l'état.

Fin de la Table.